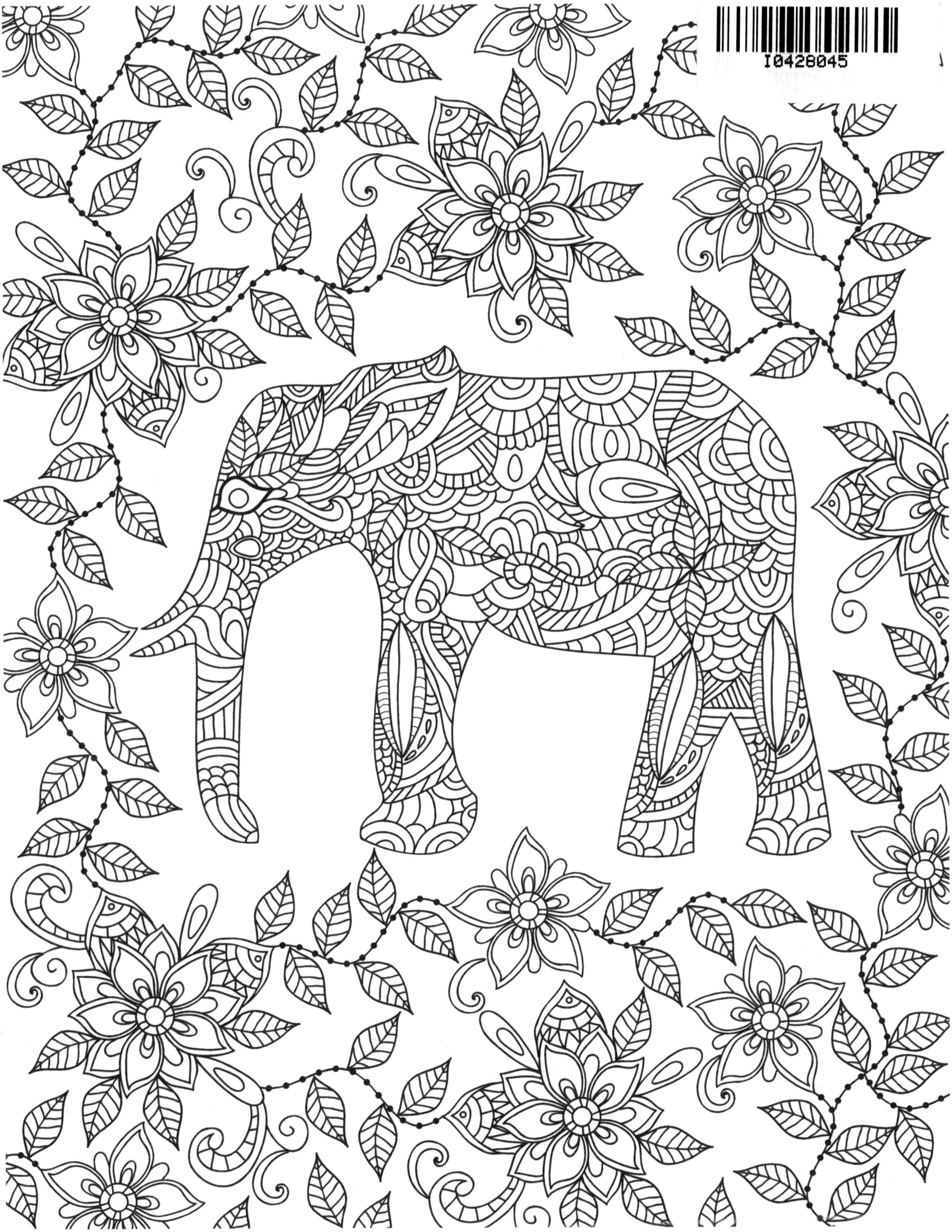

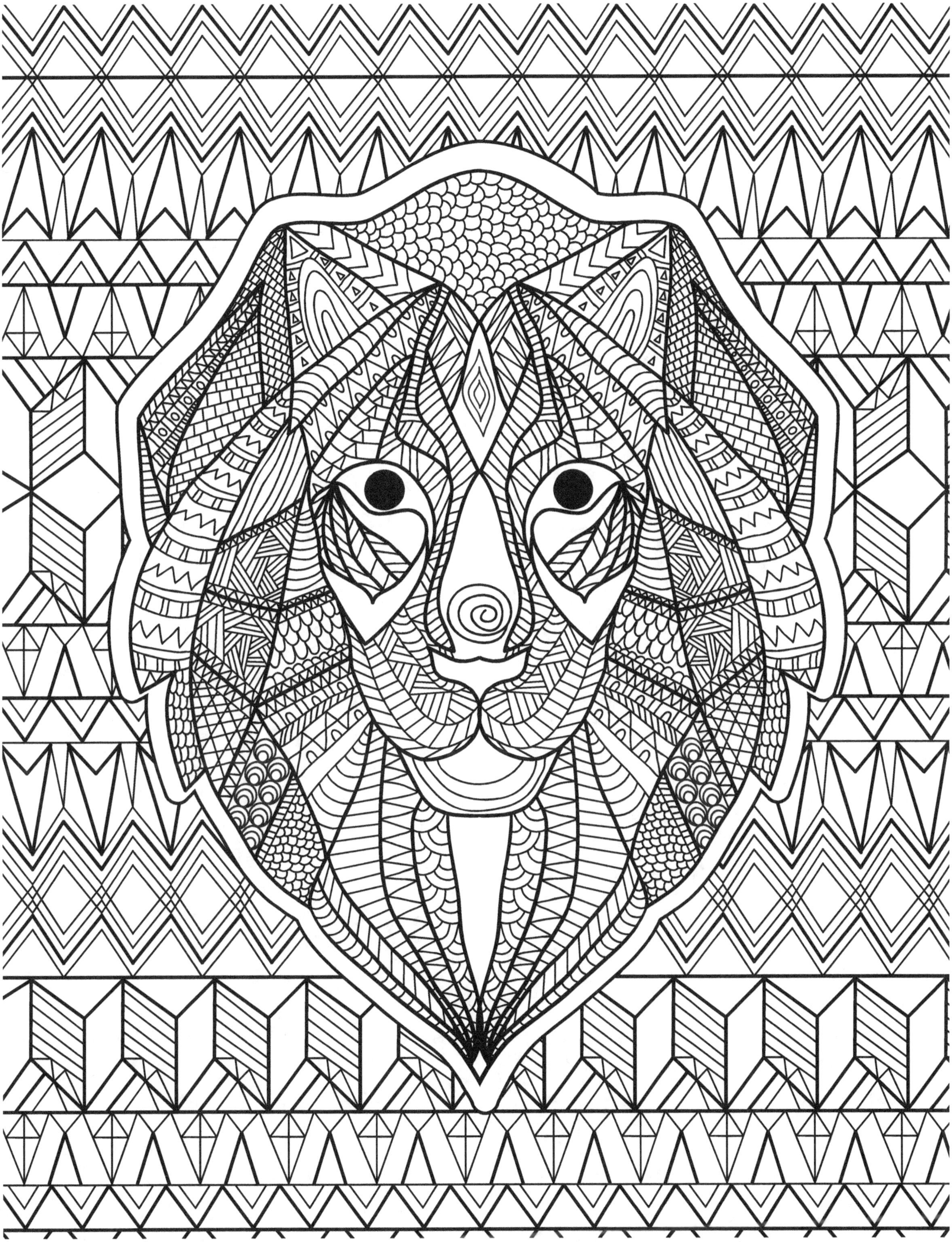

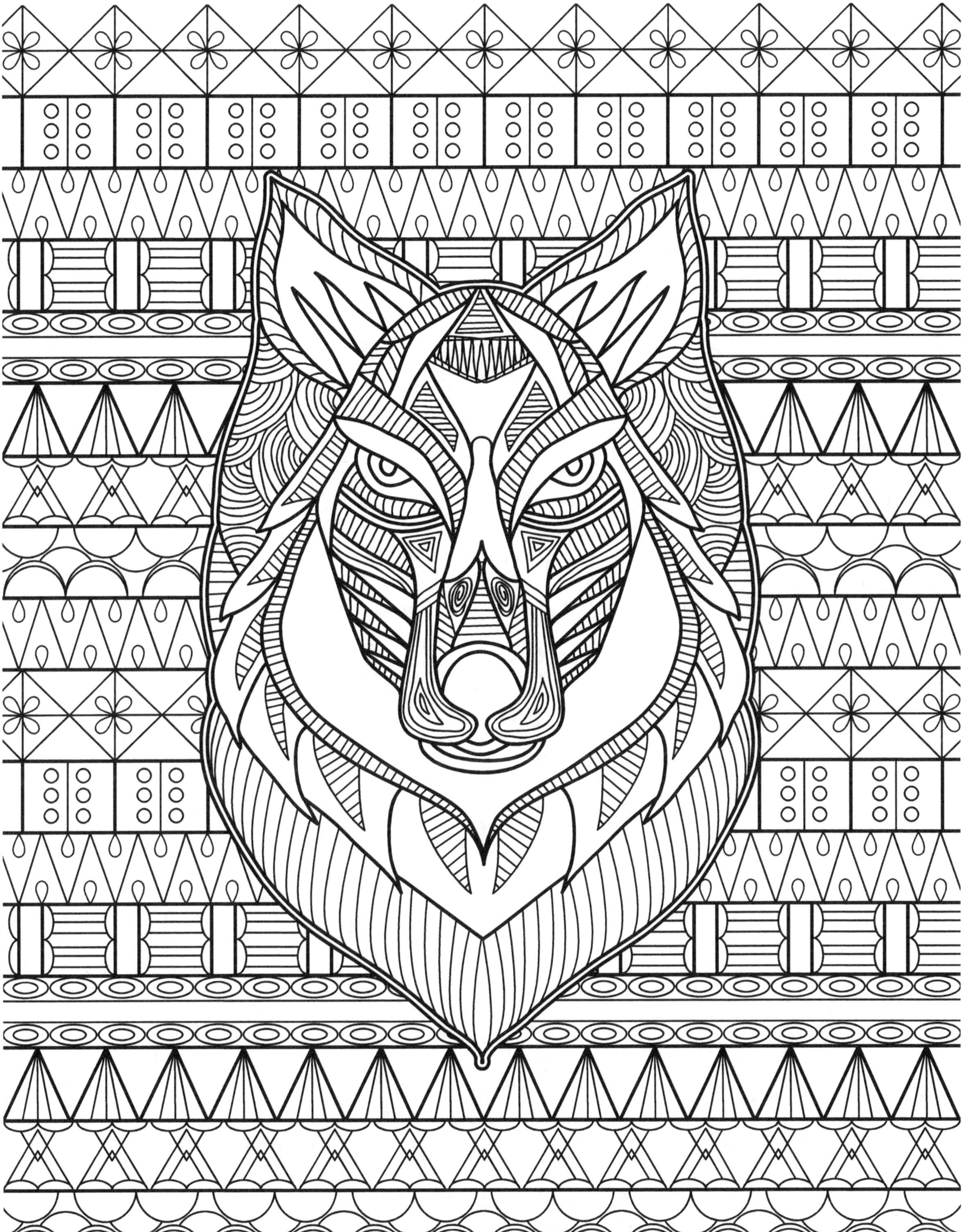

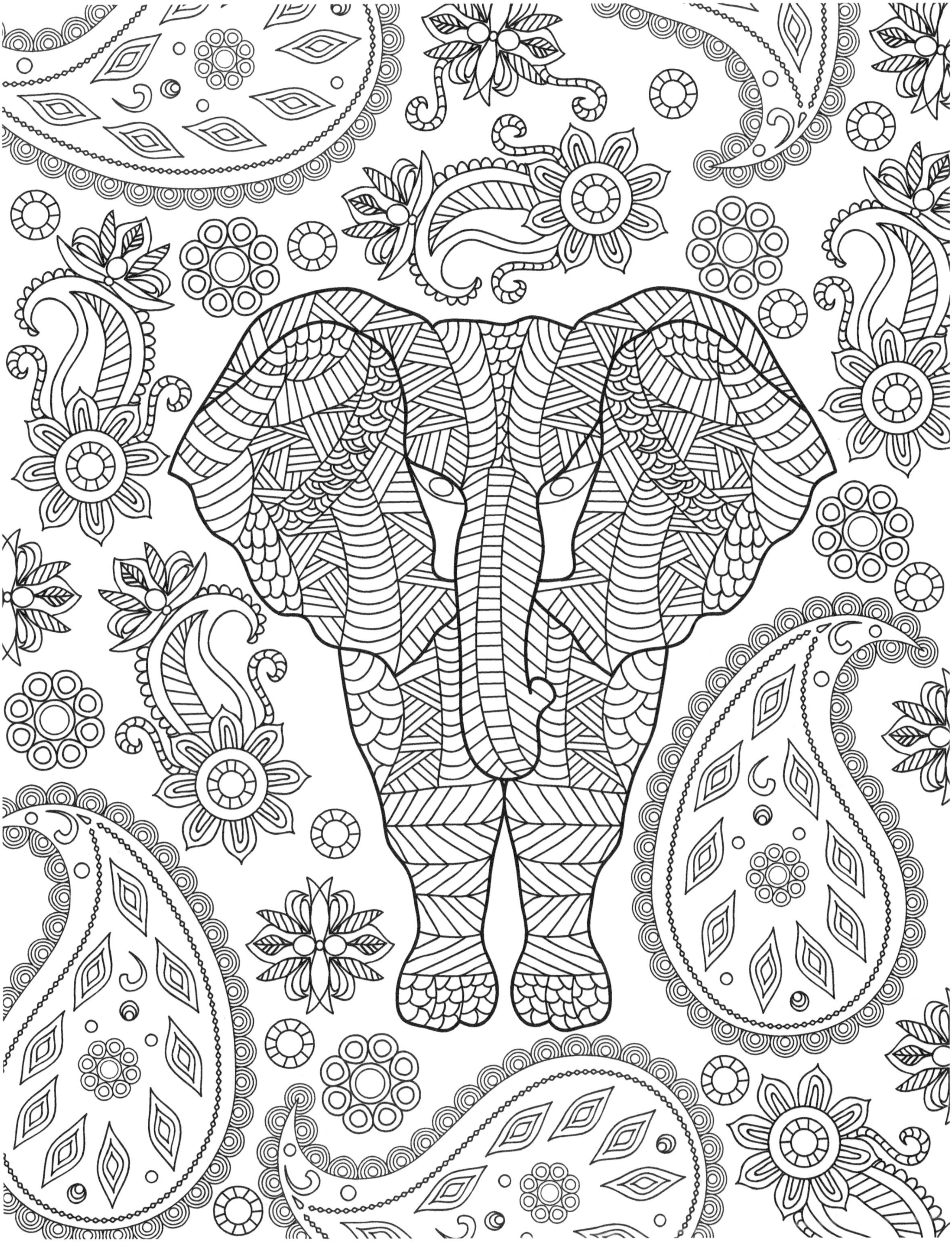

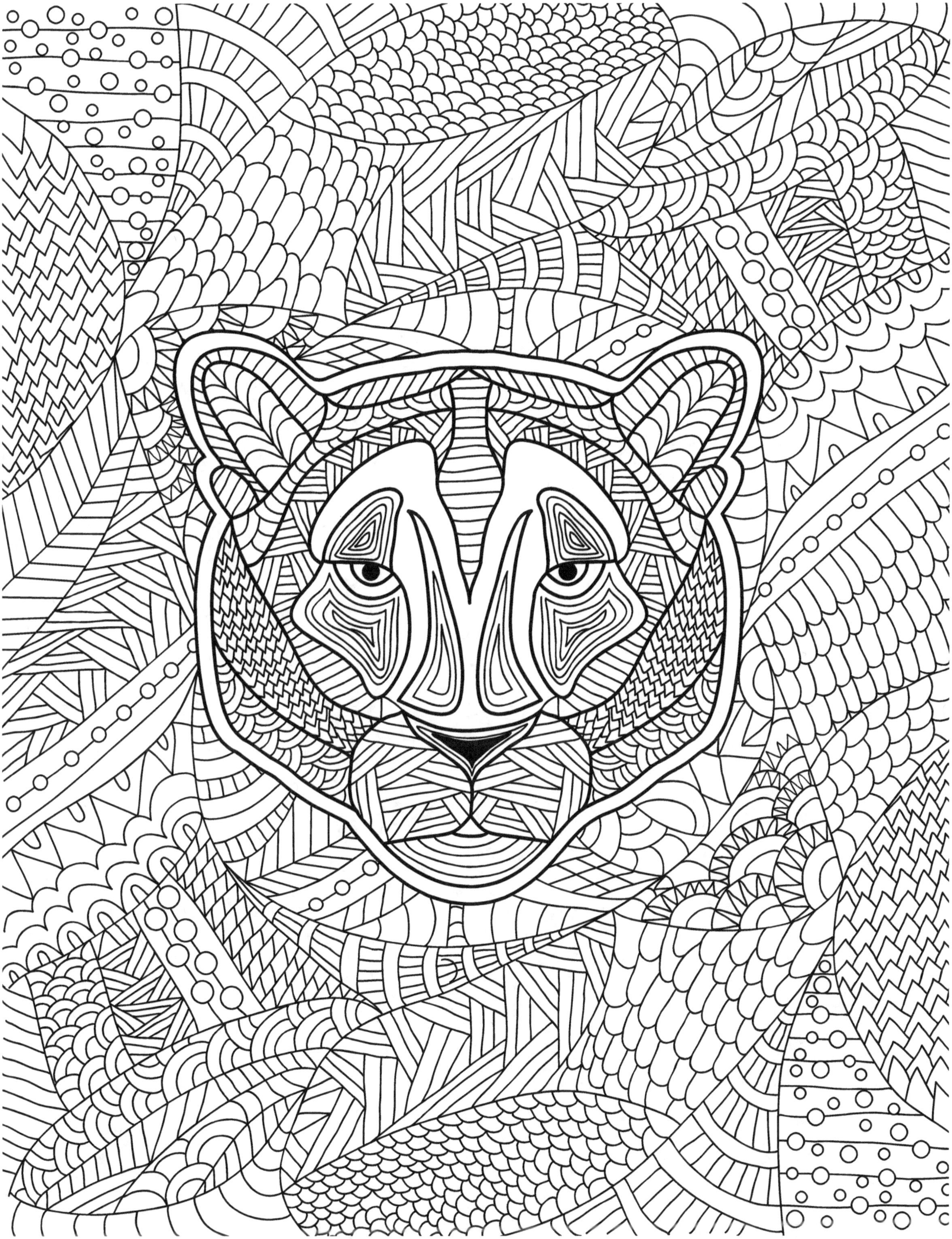

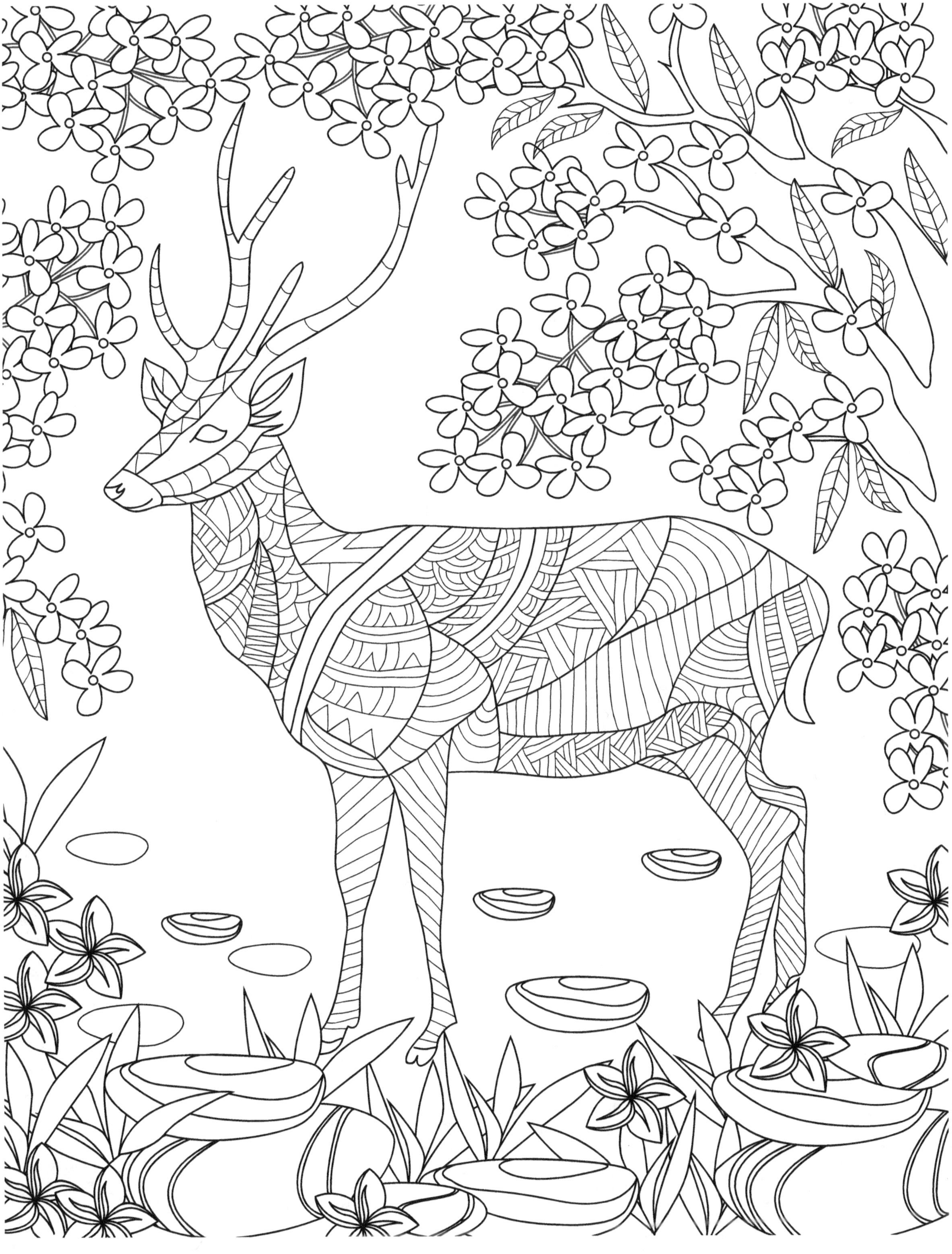

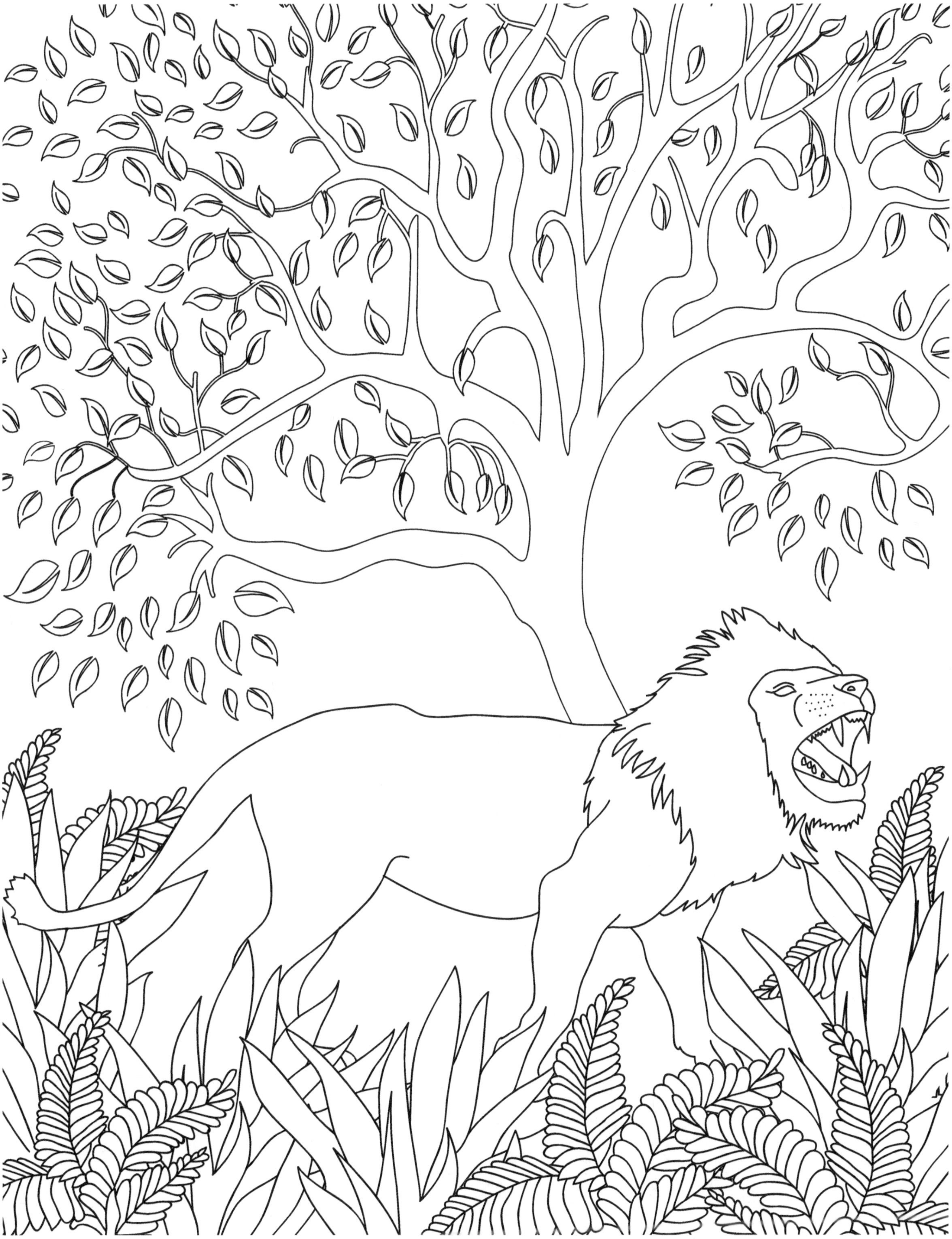

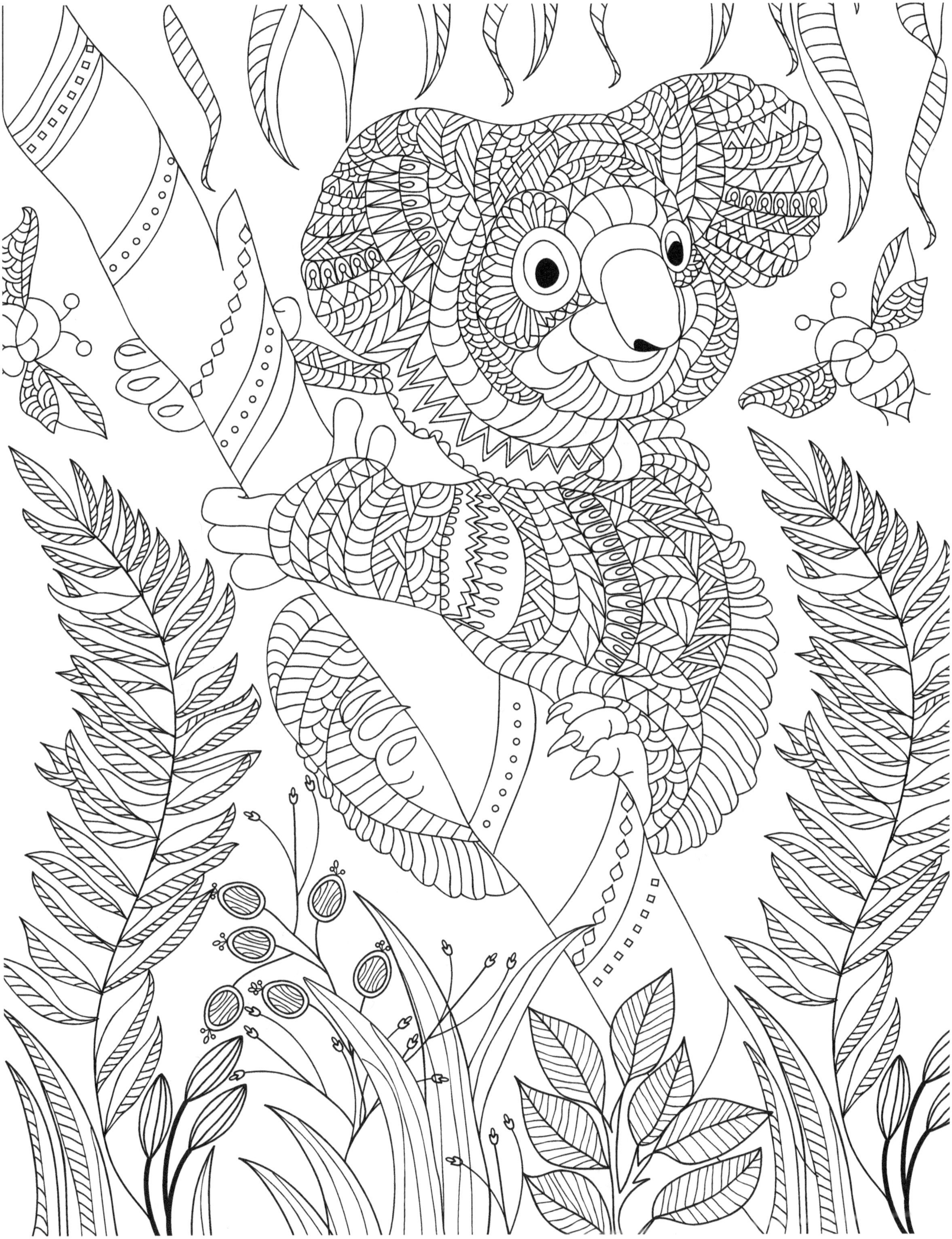

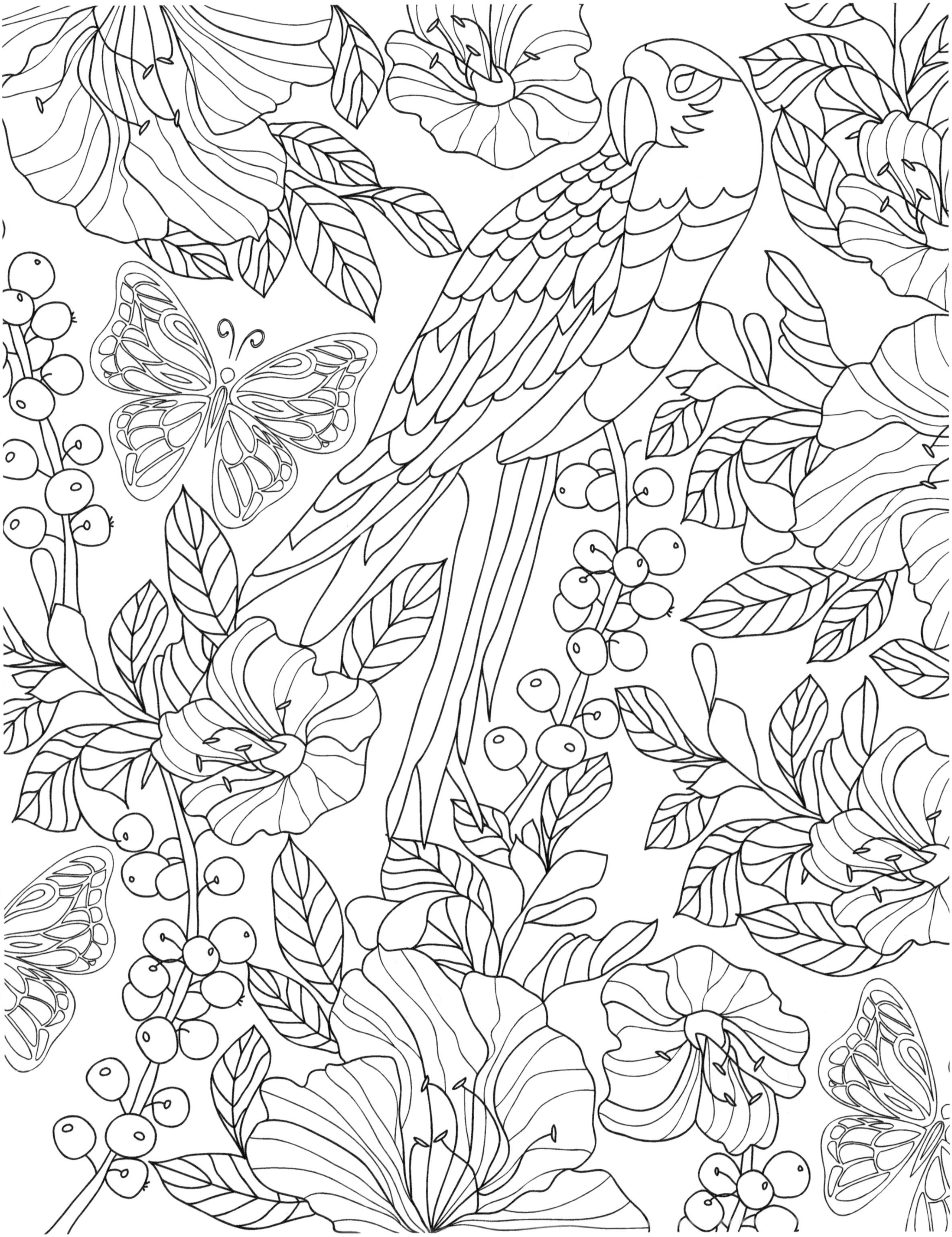

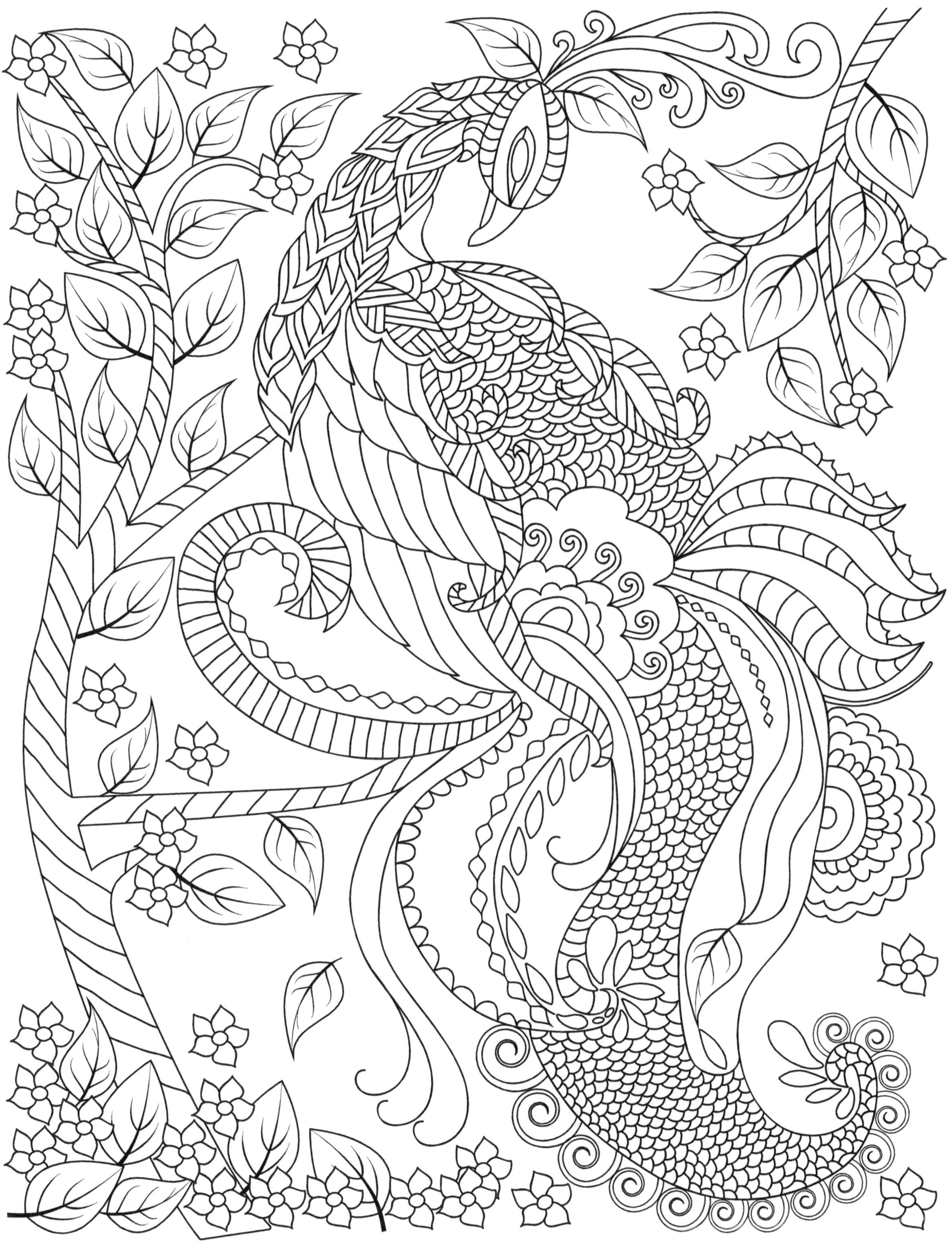

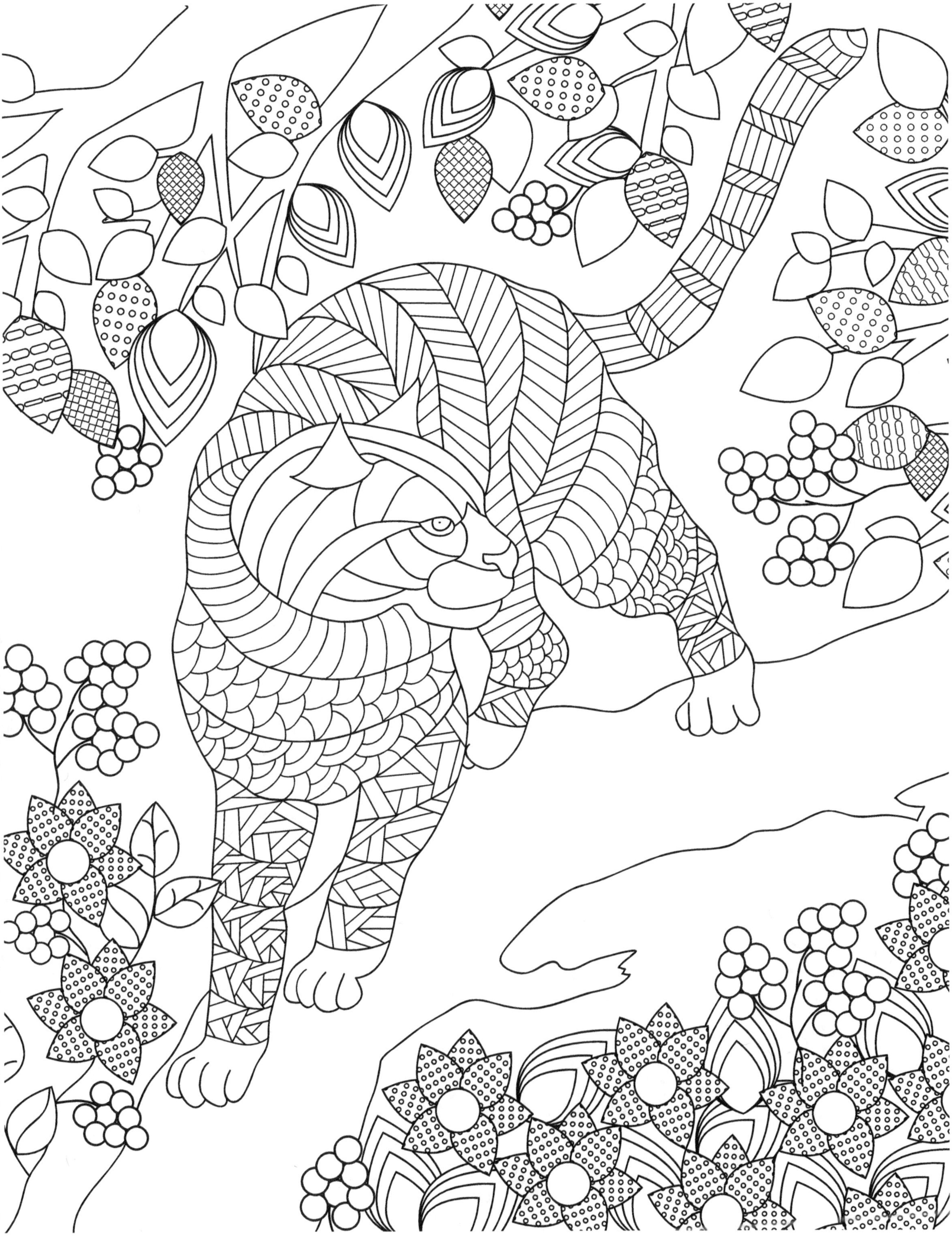

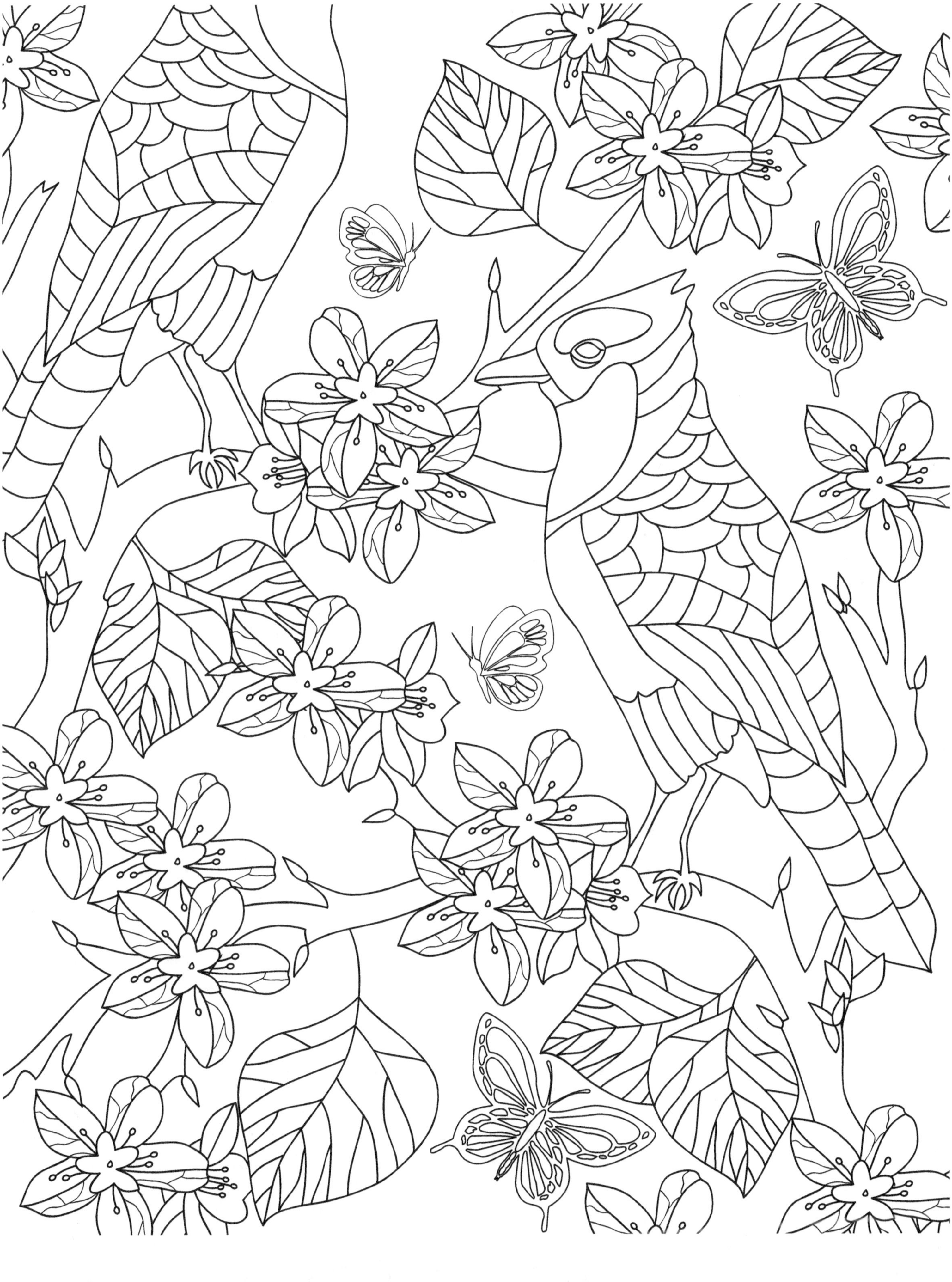

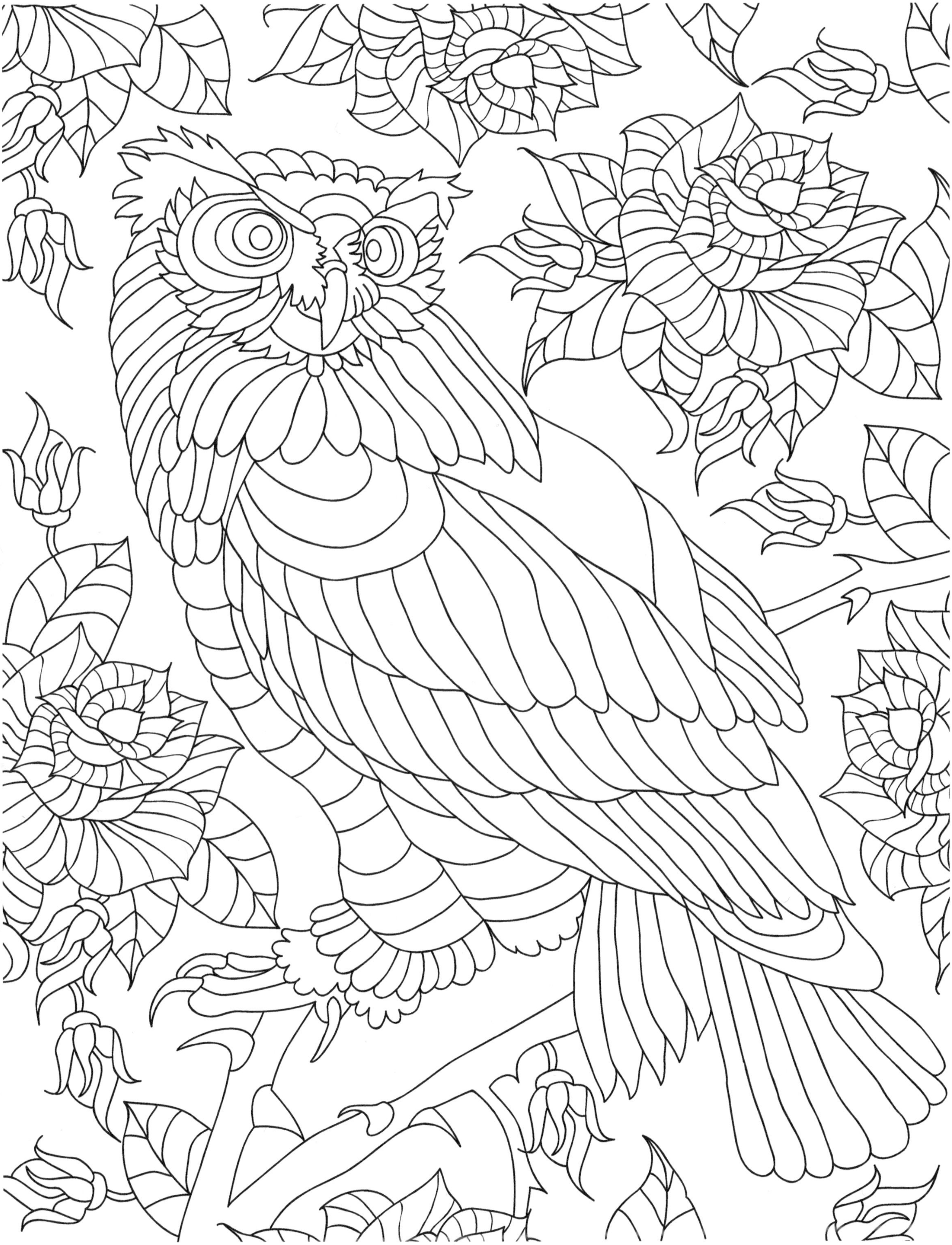

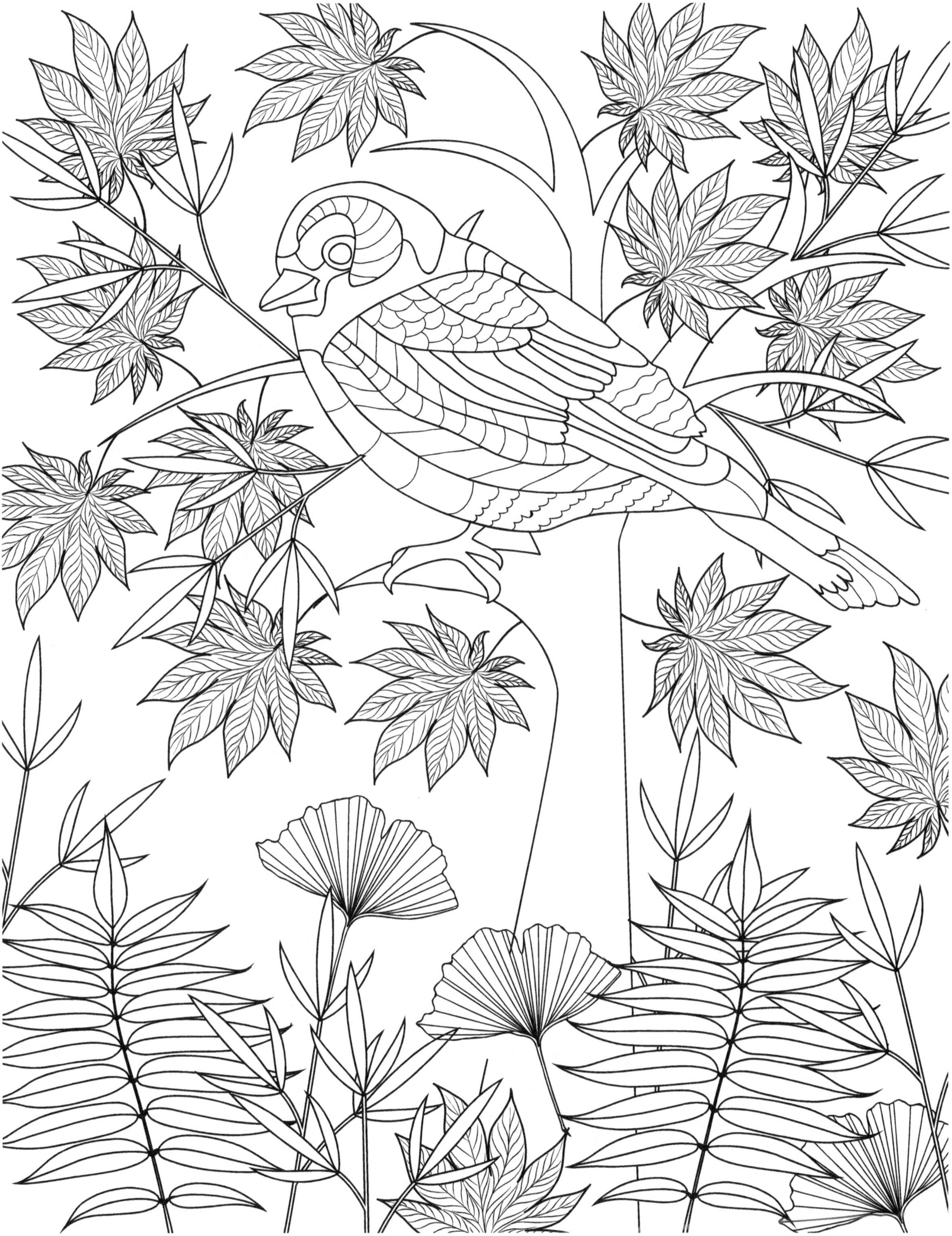

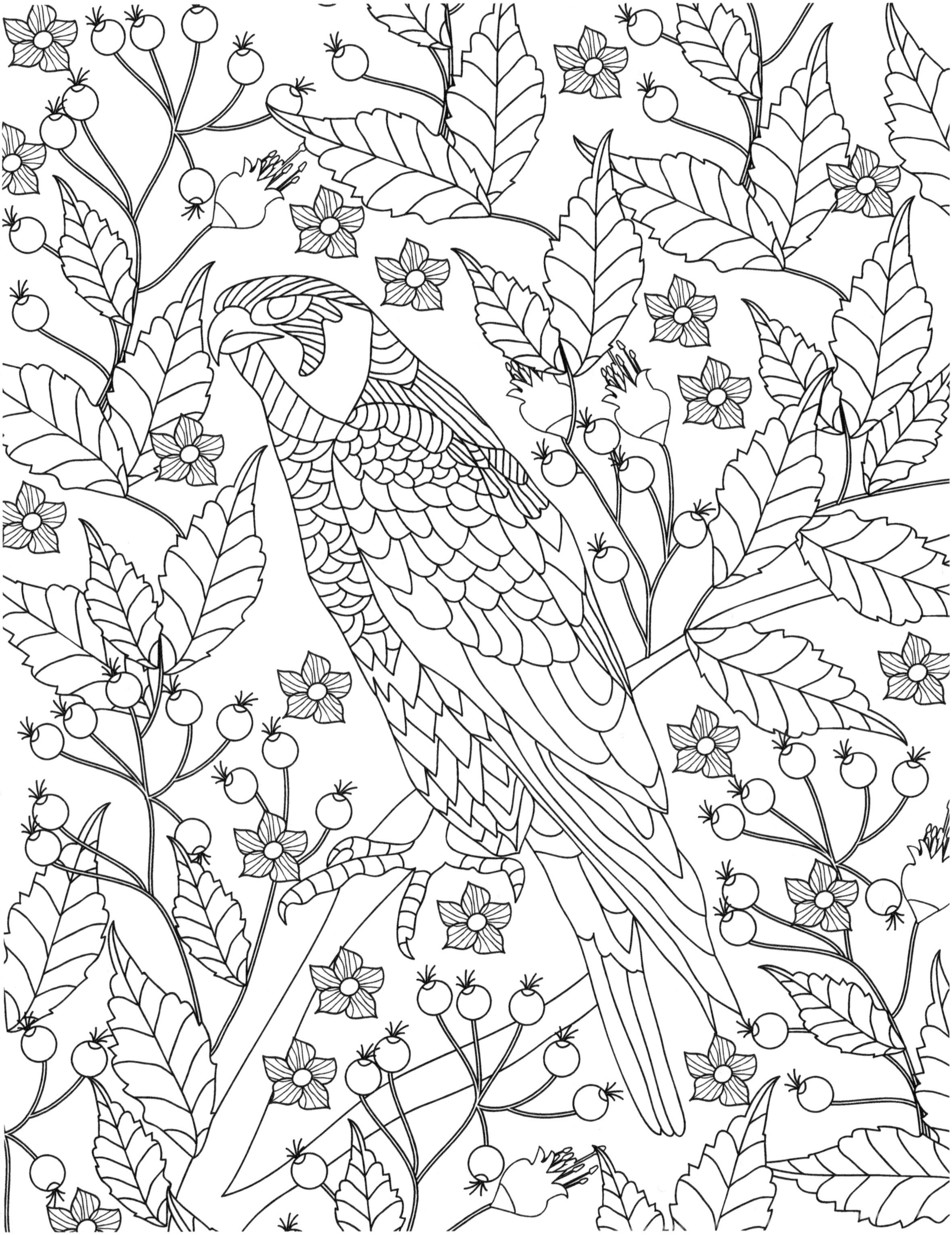

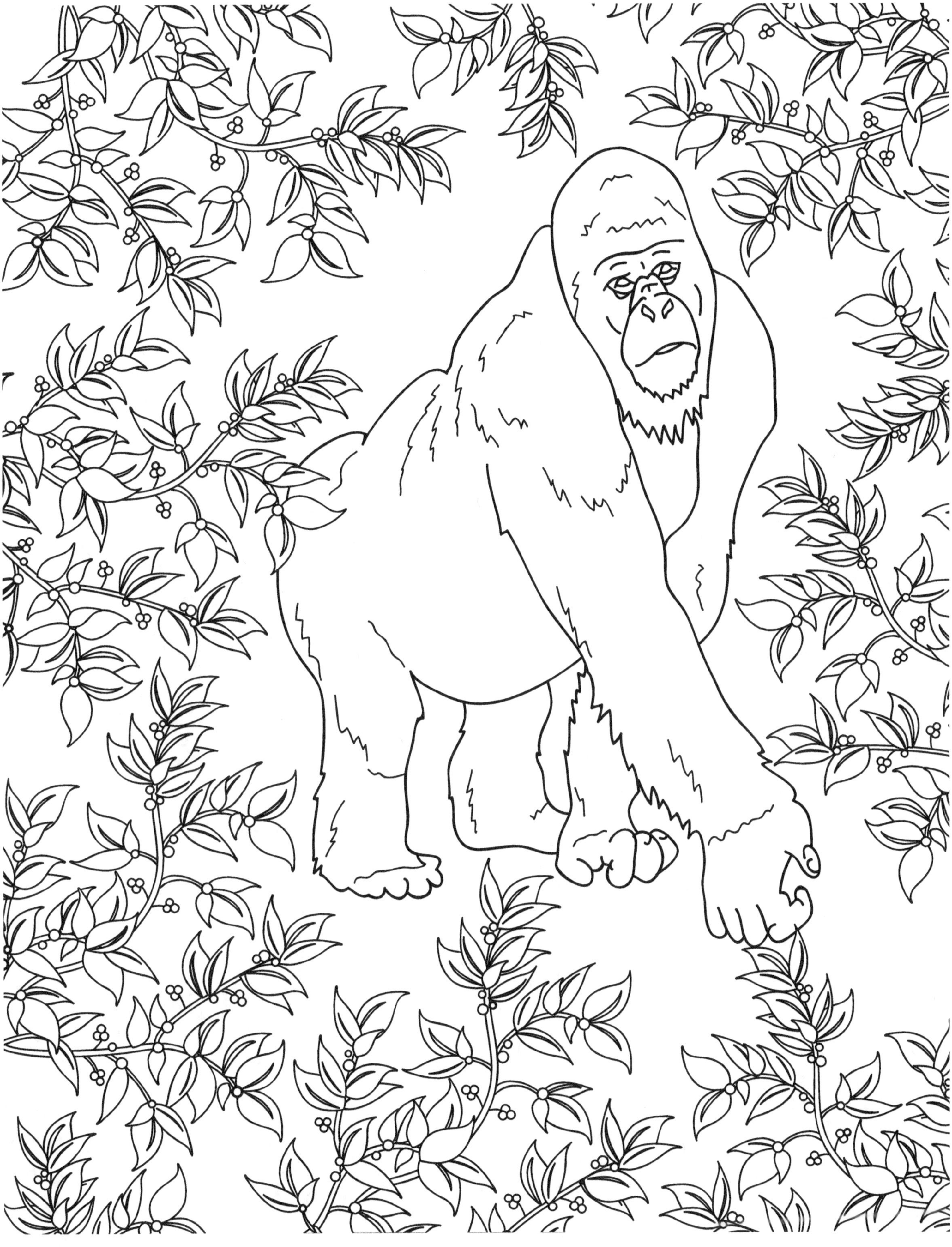

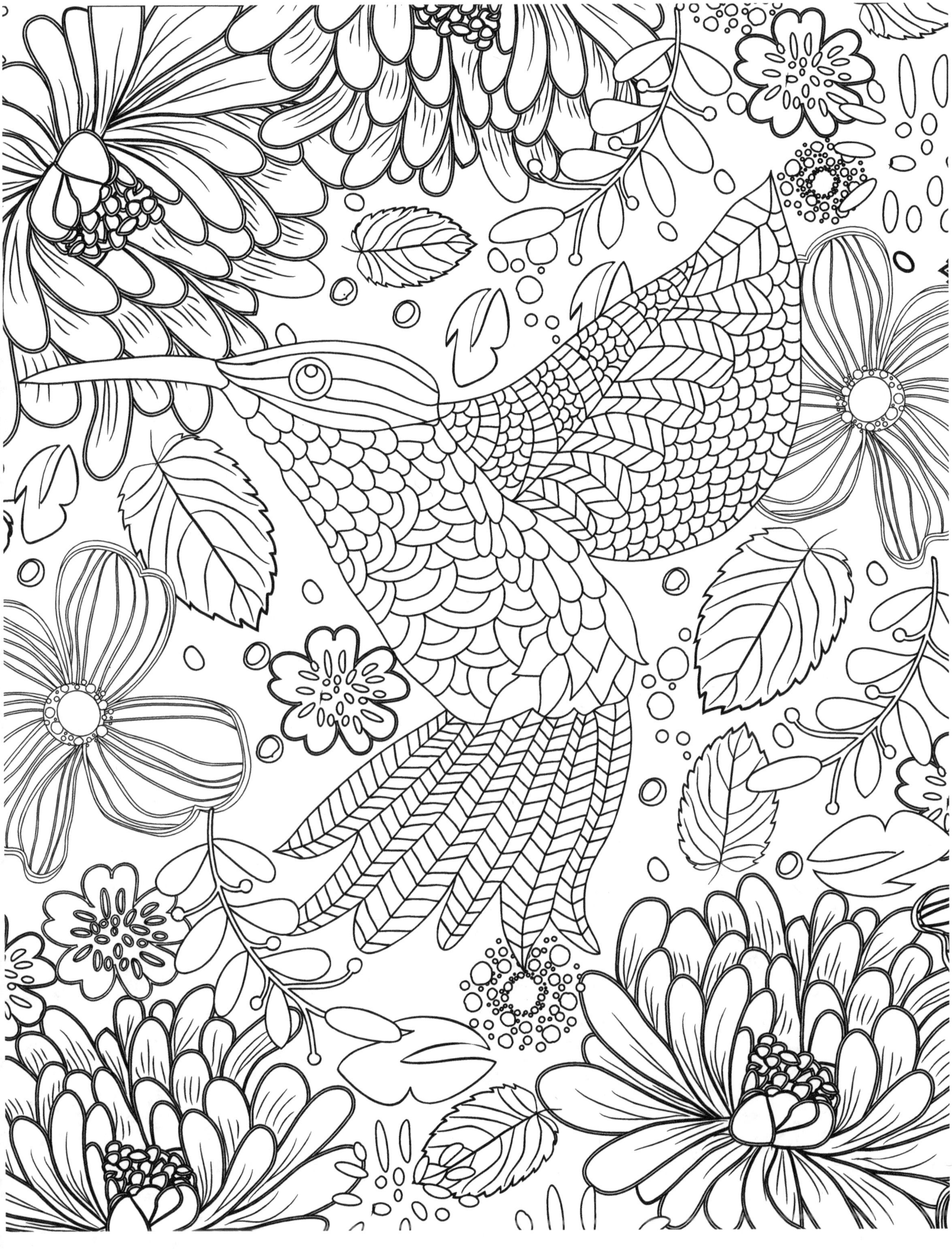

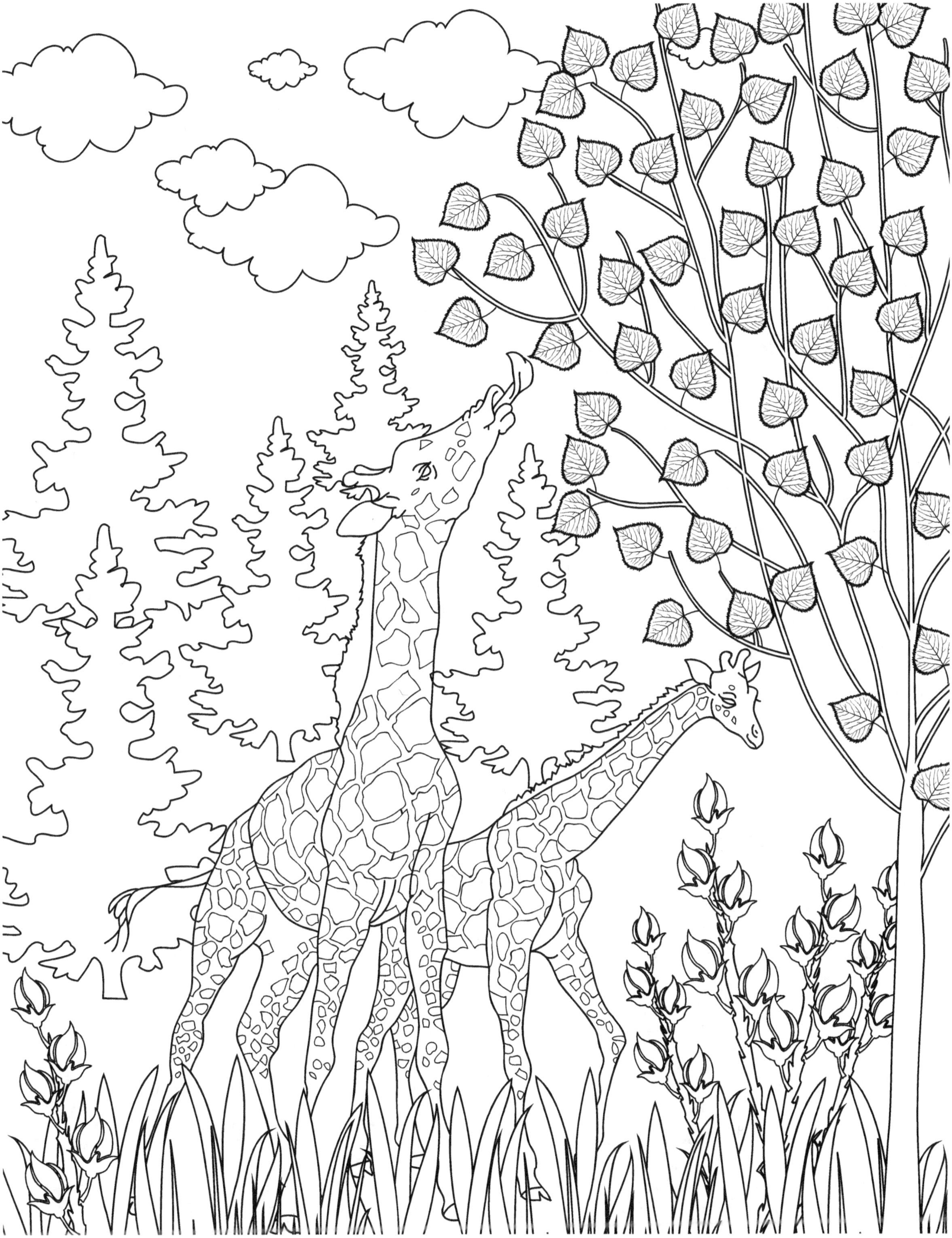

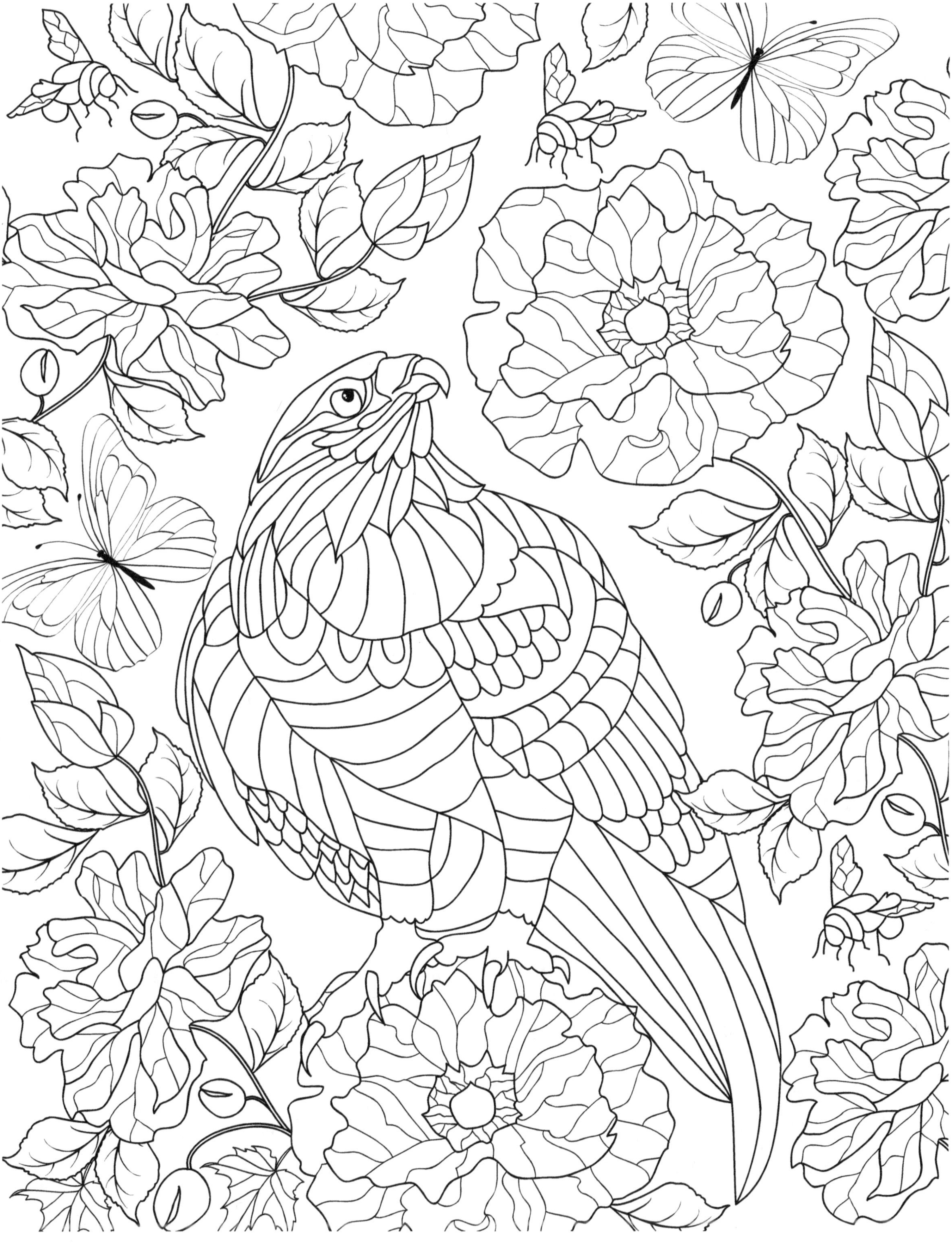

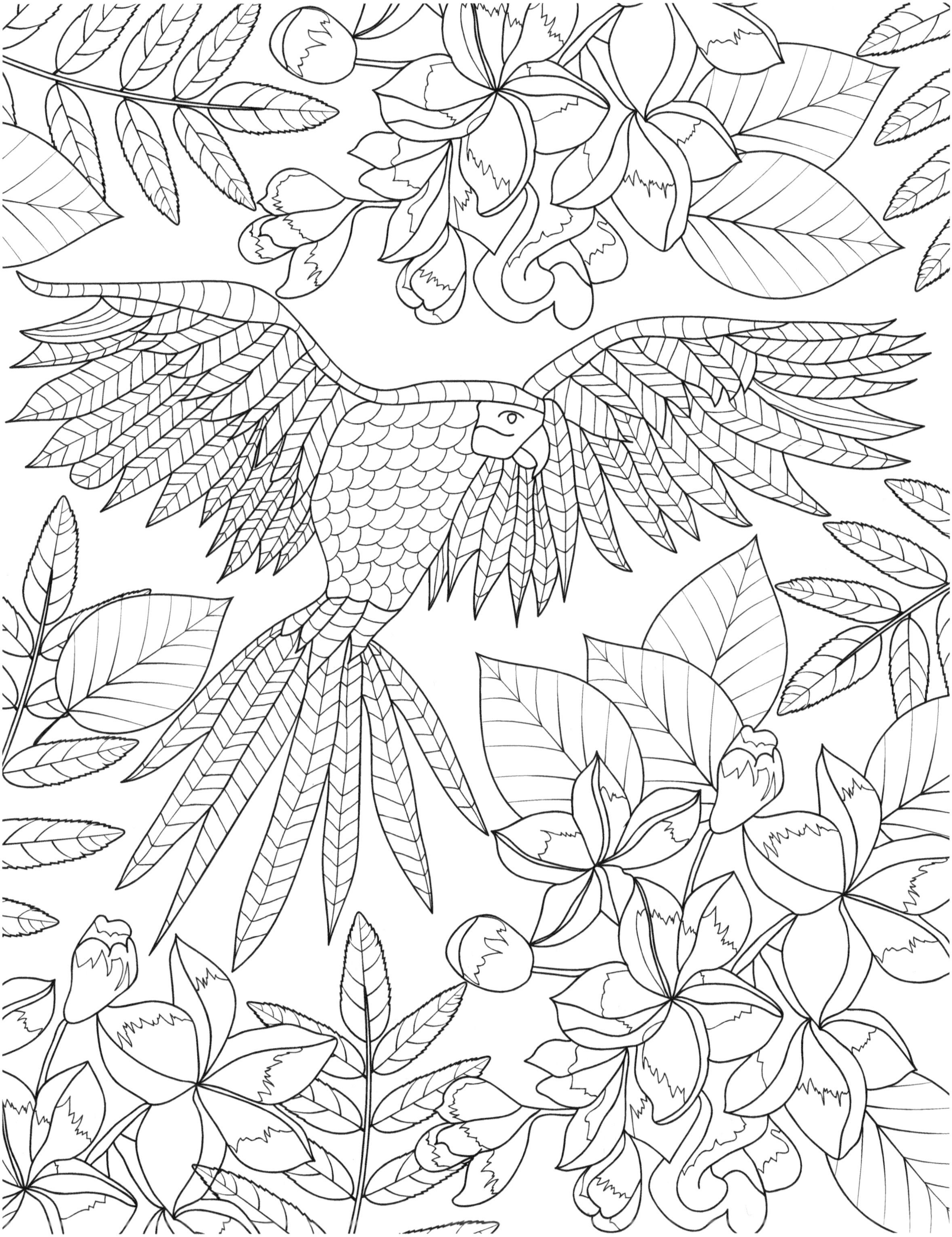

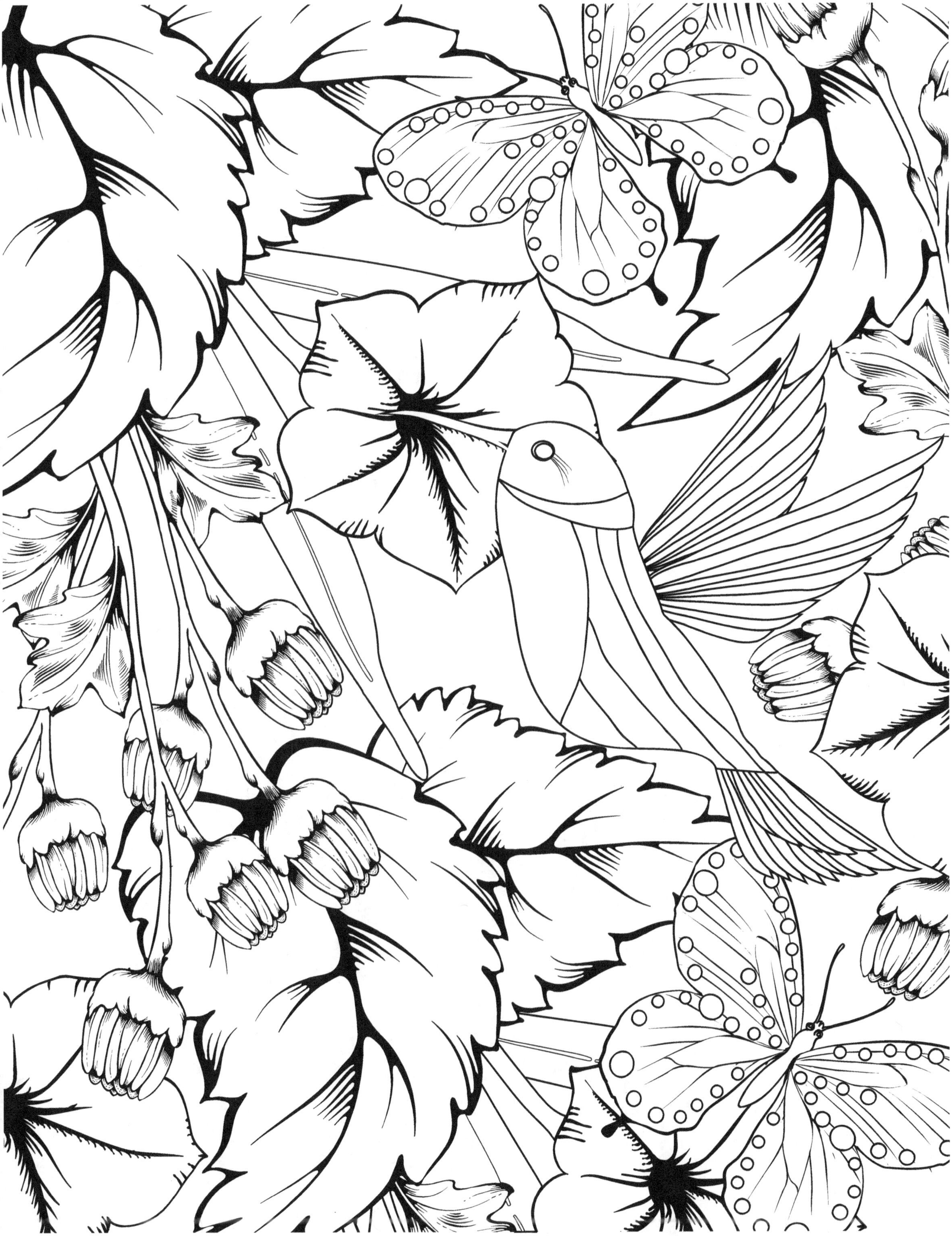

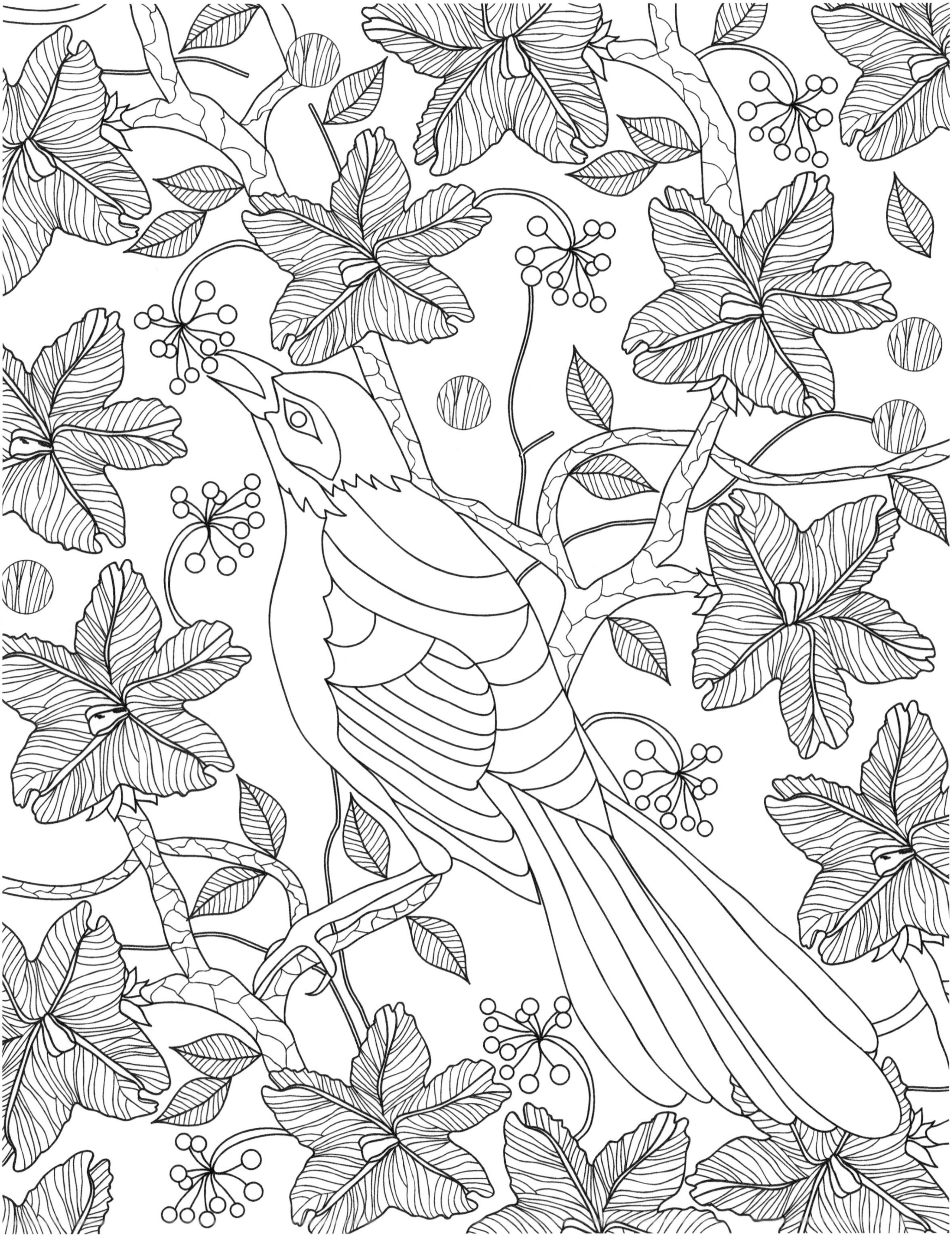

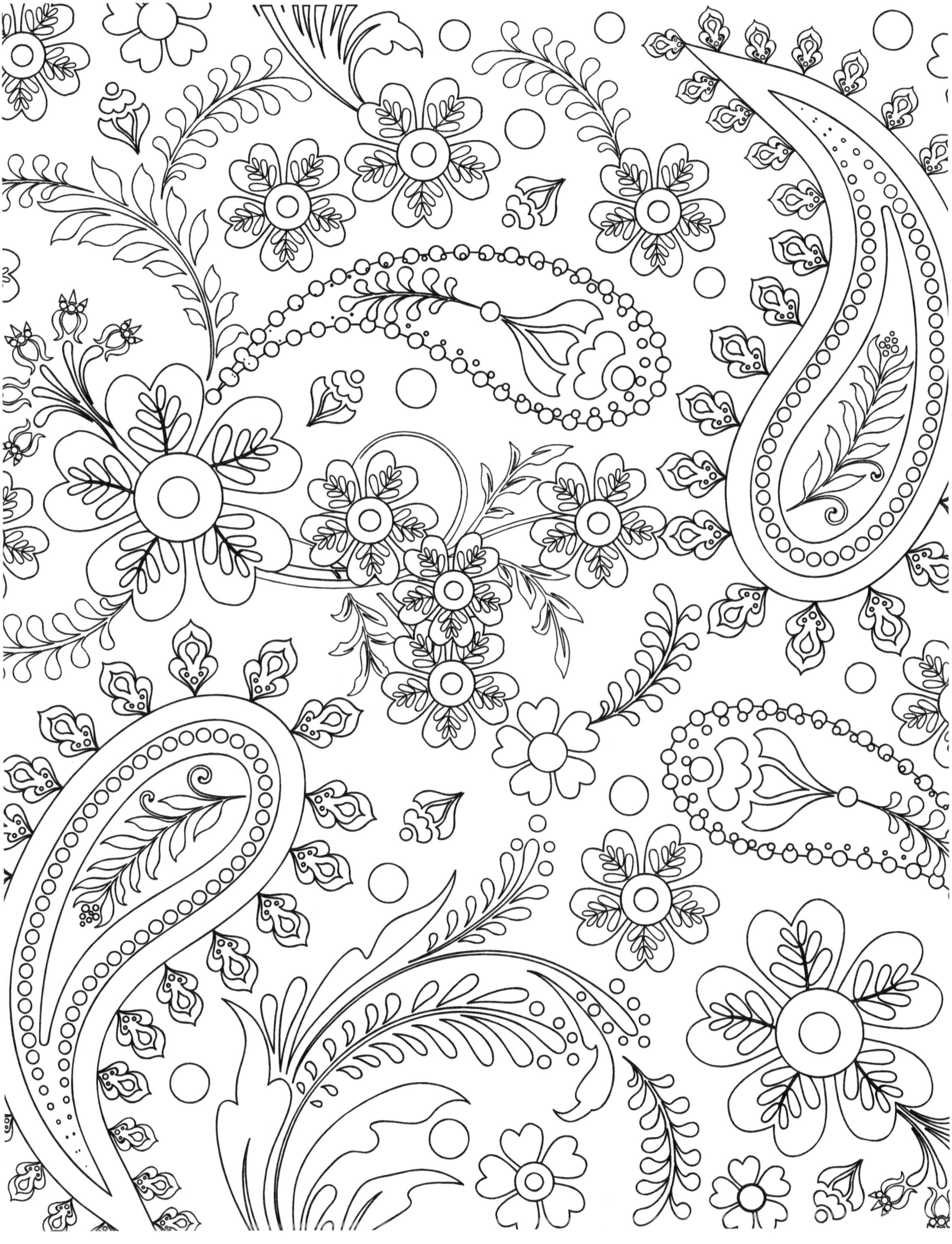

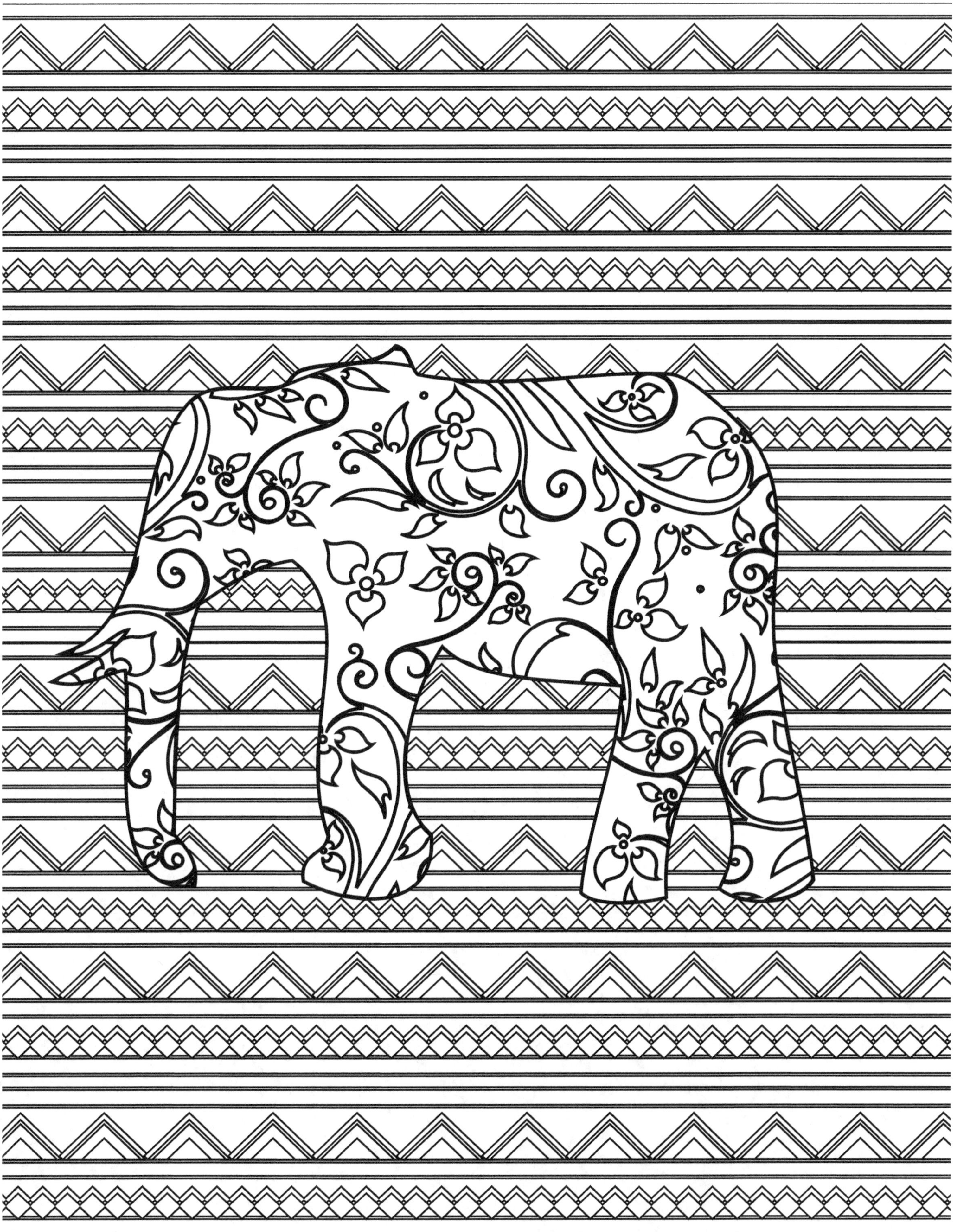

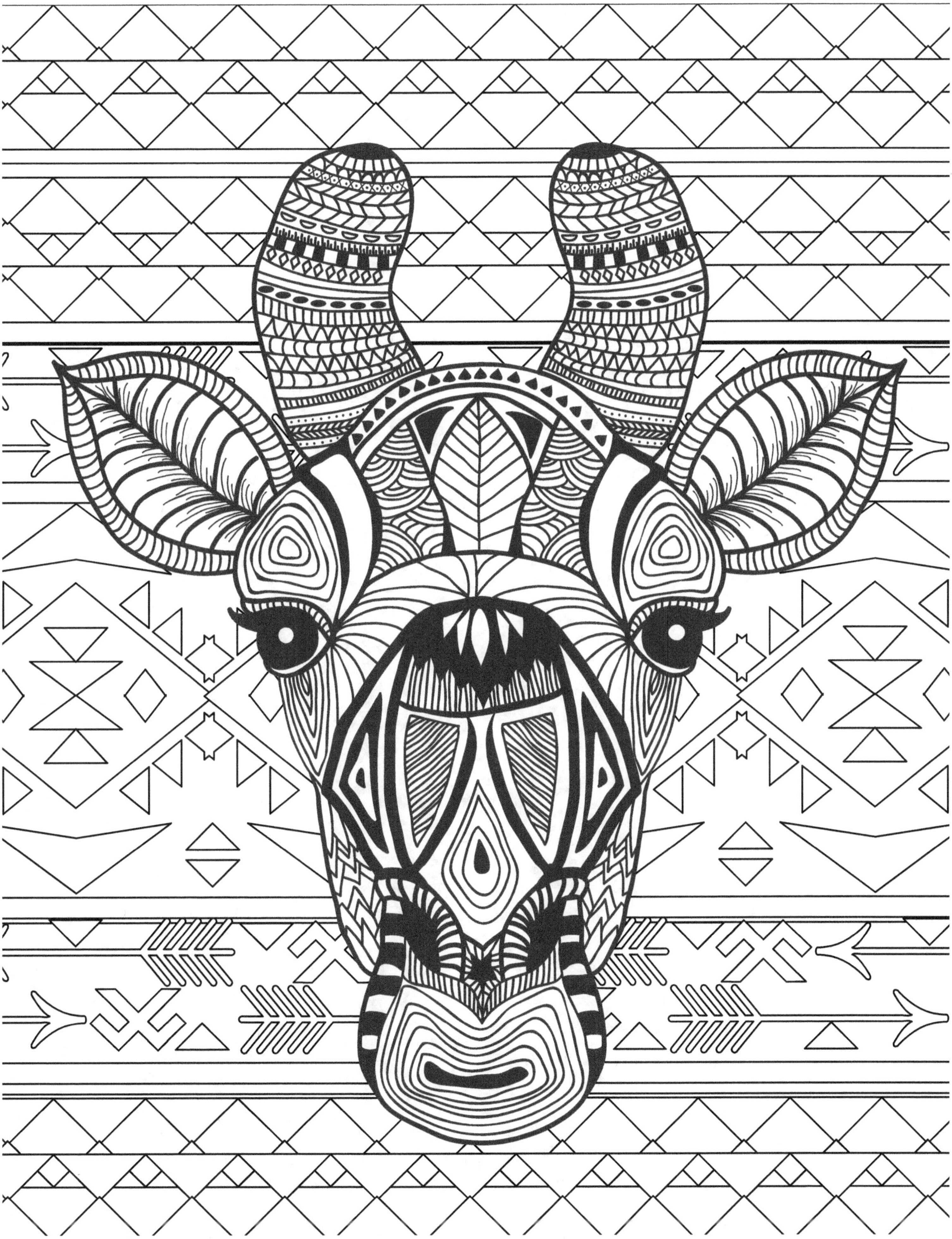

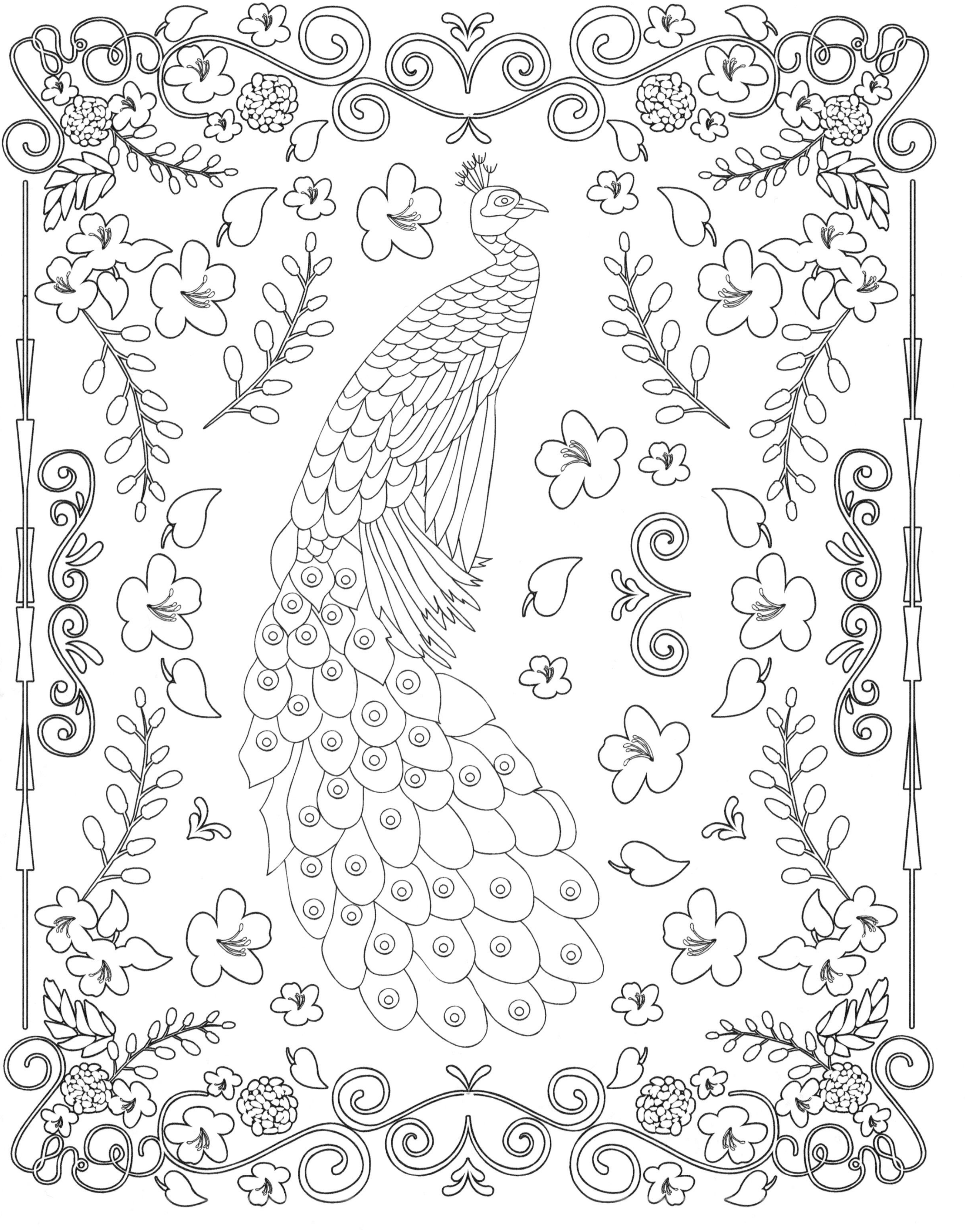

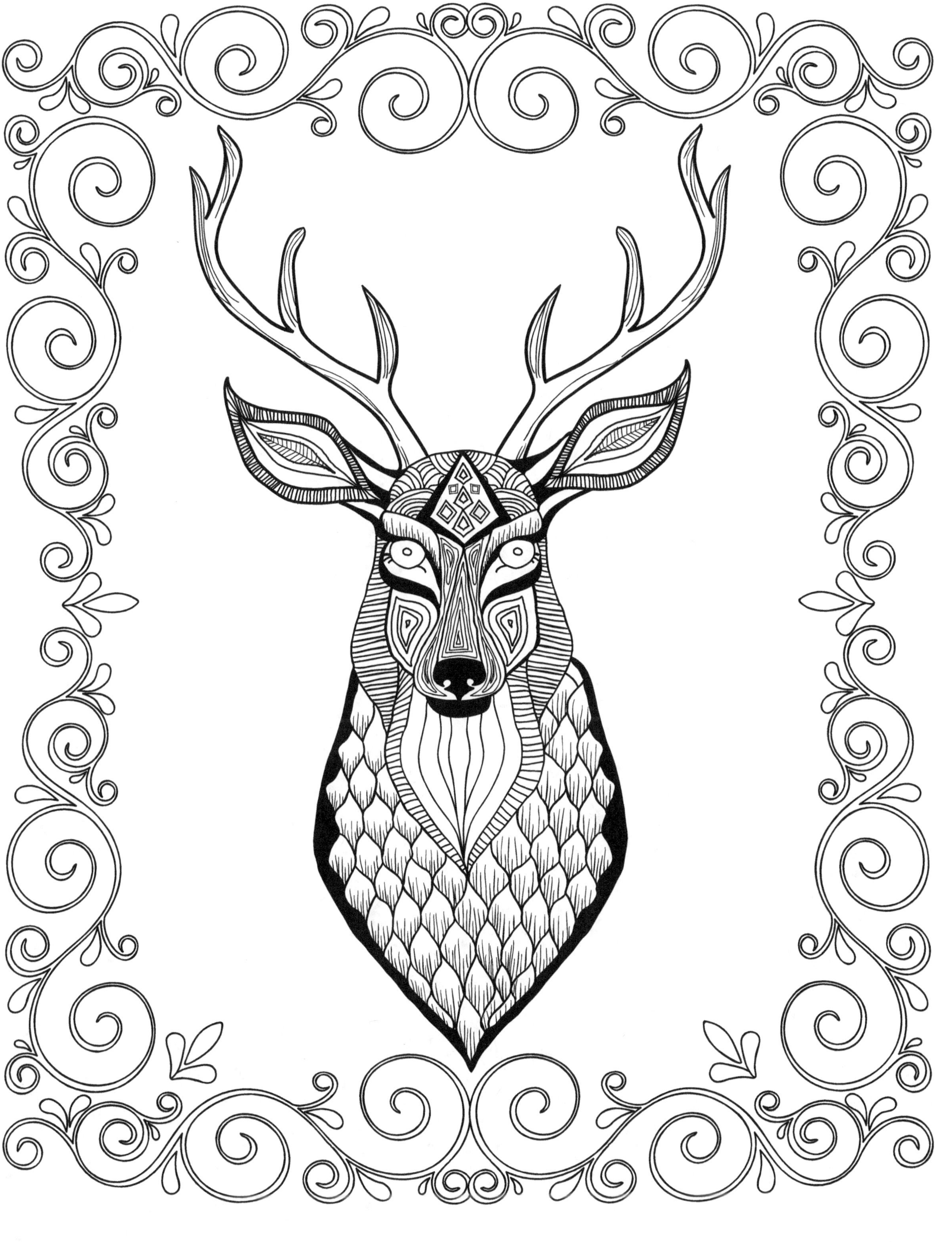

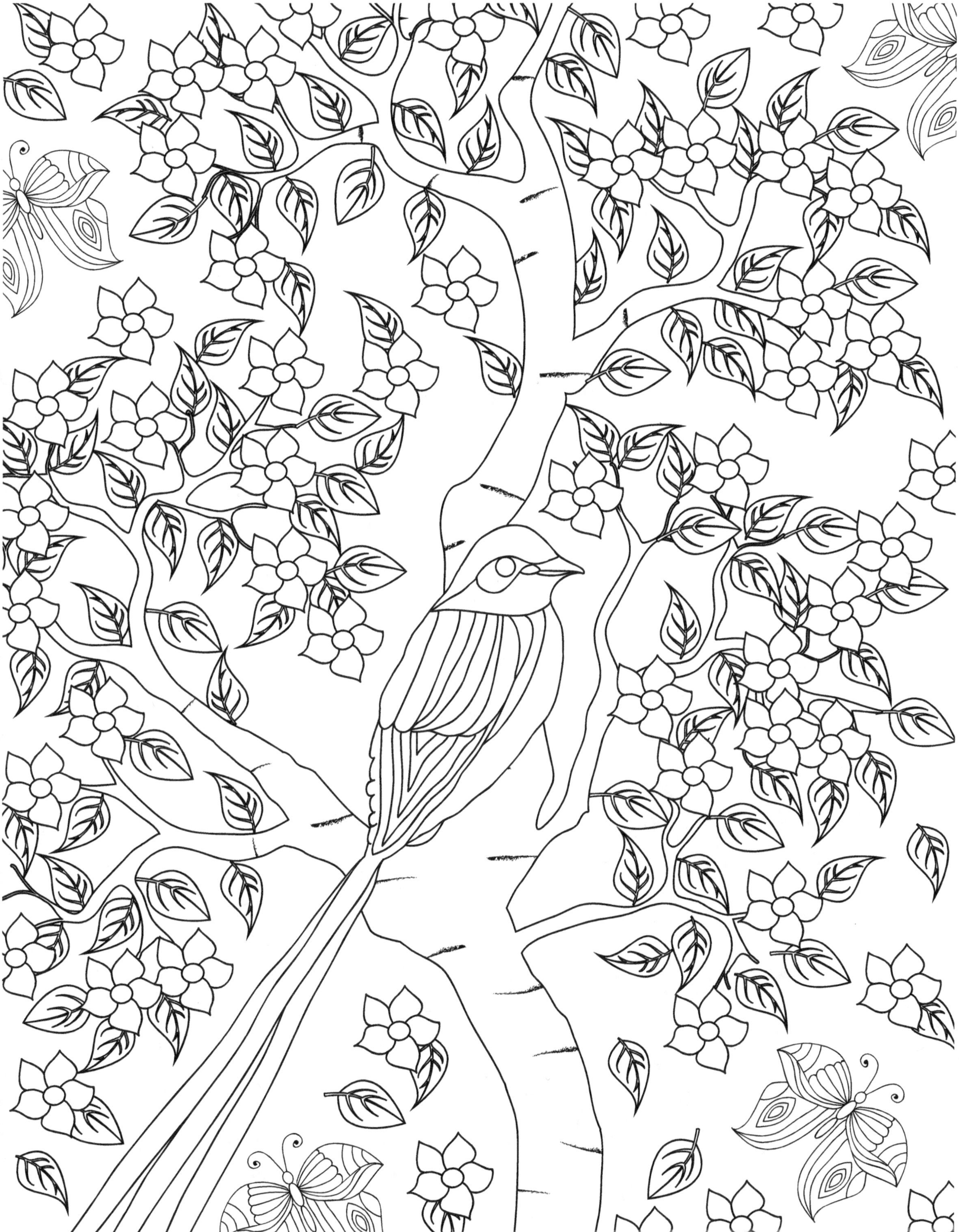

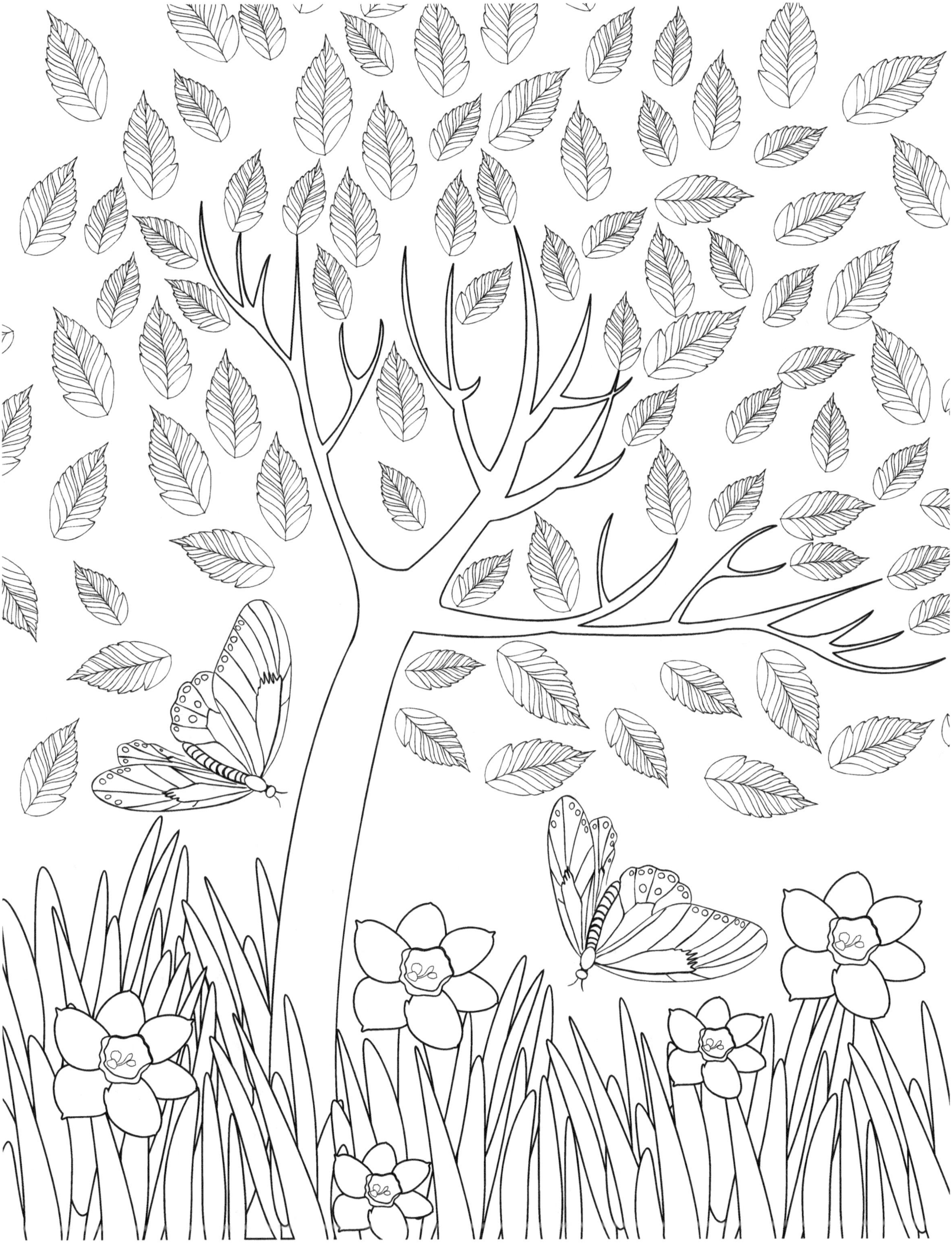

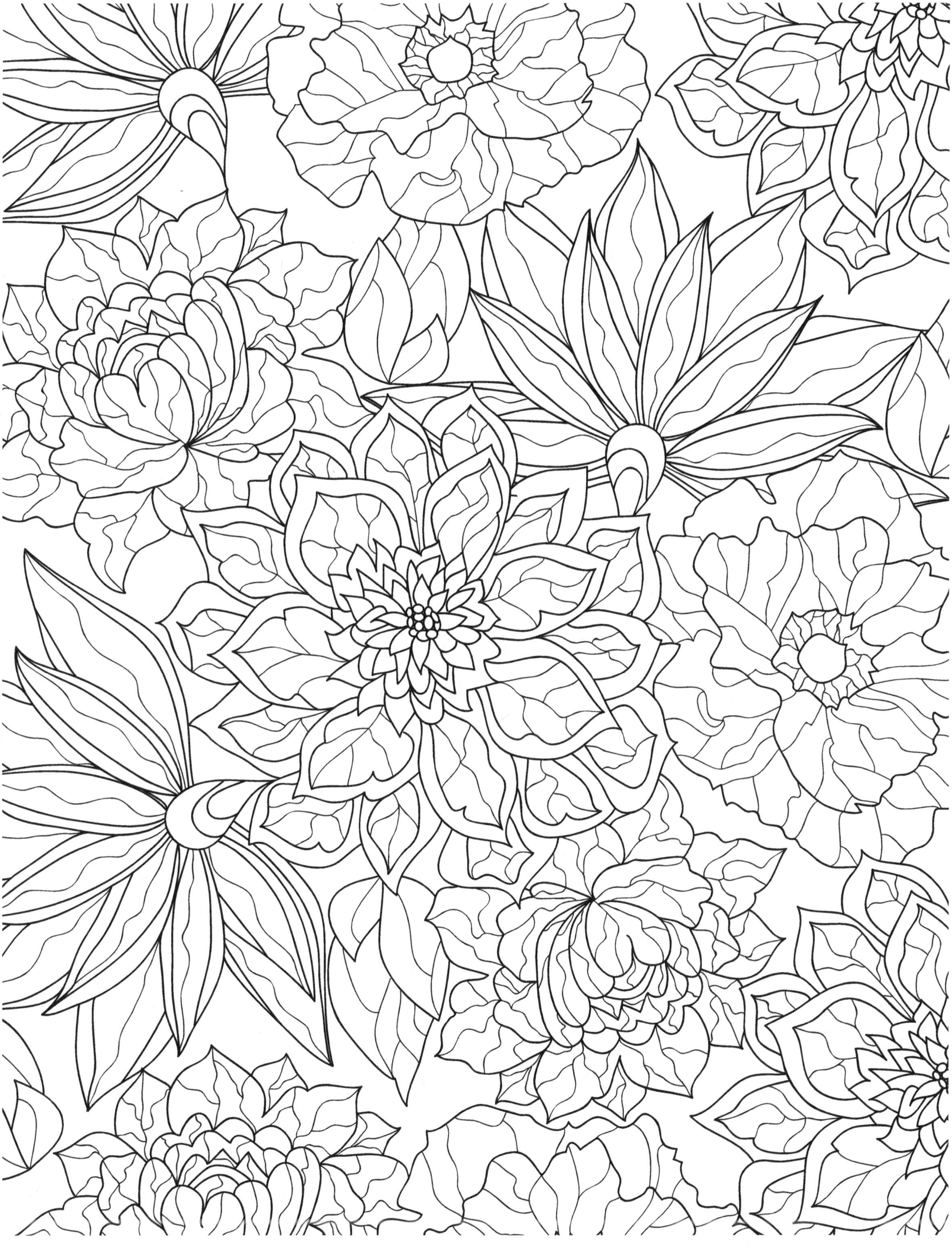

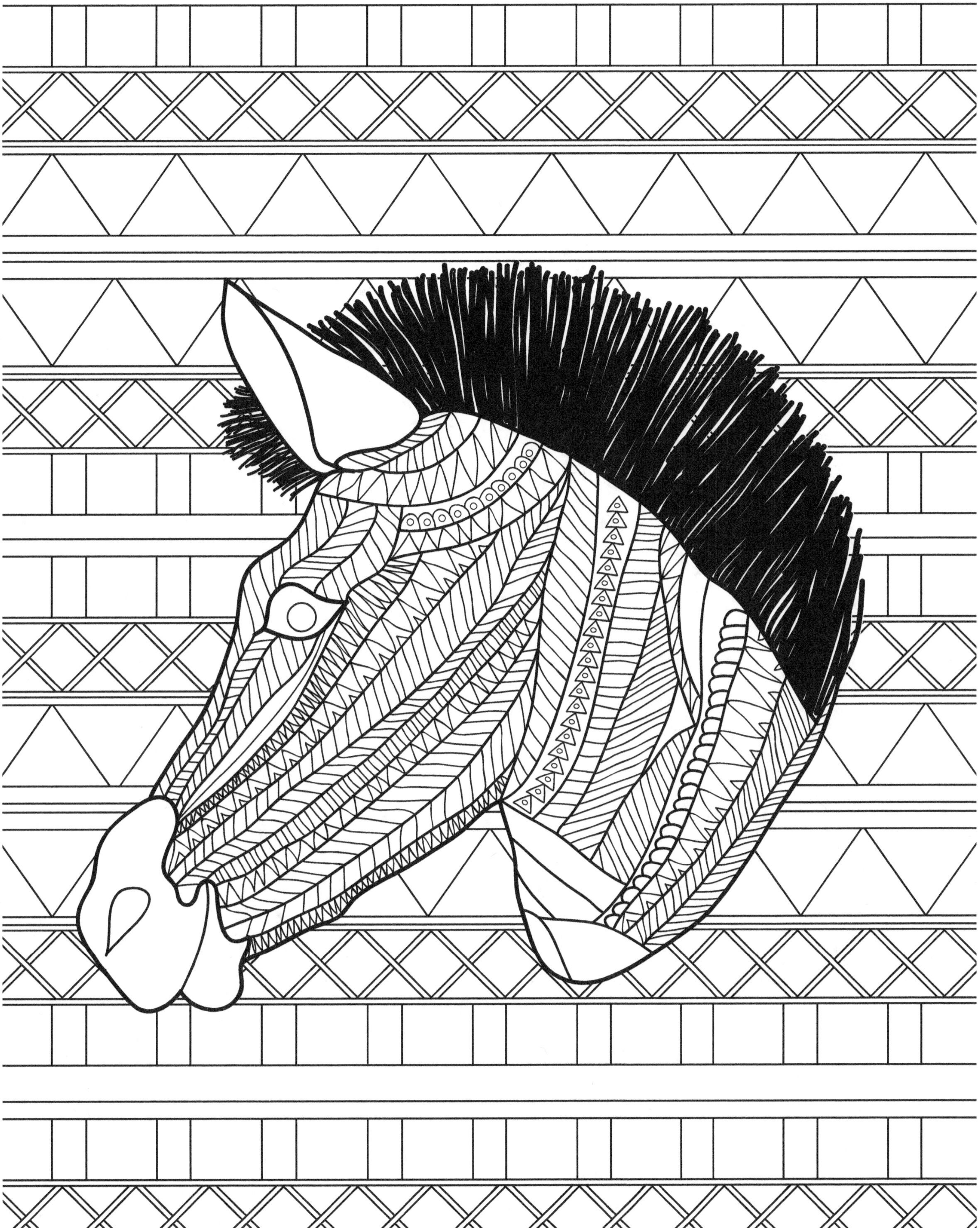

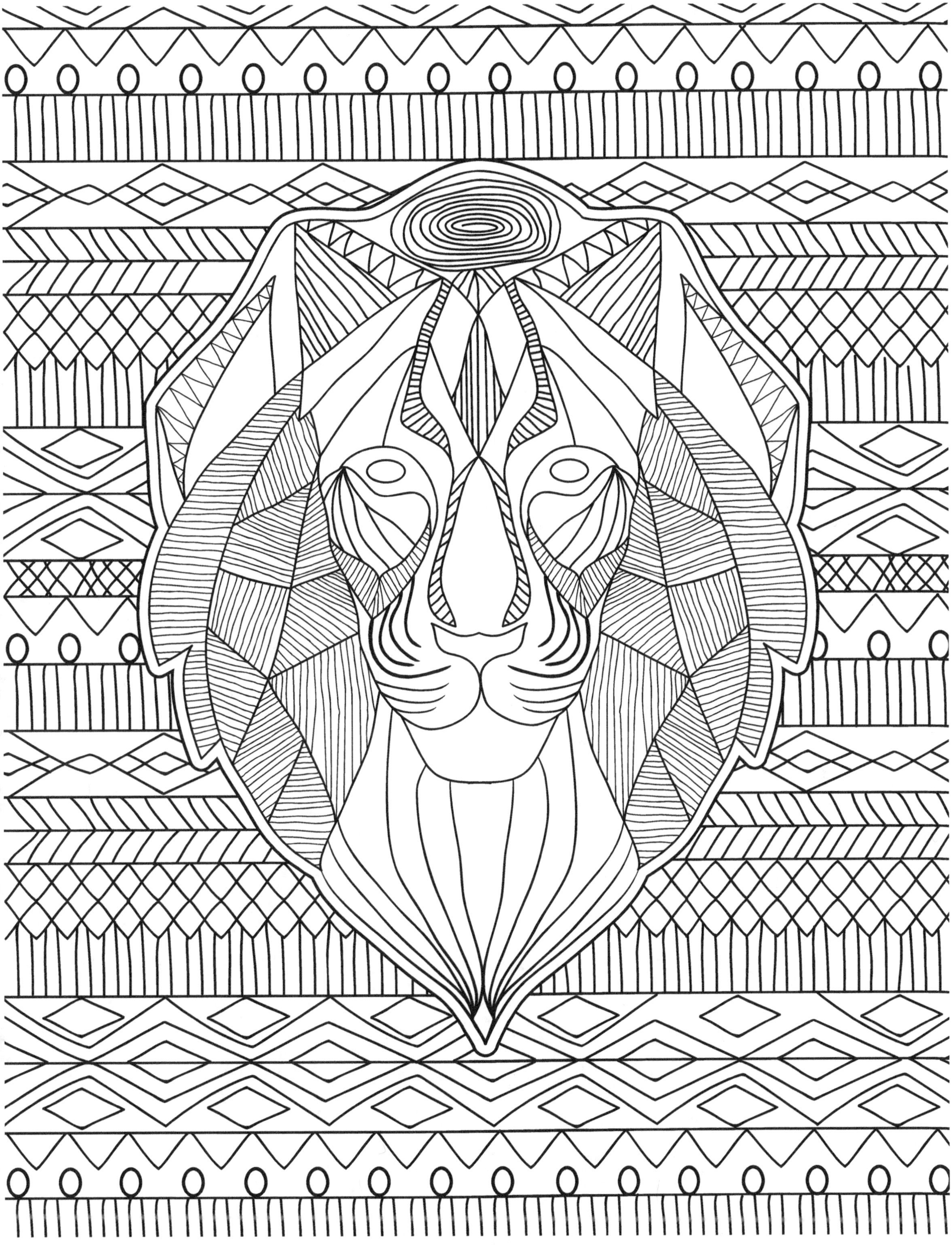

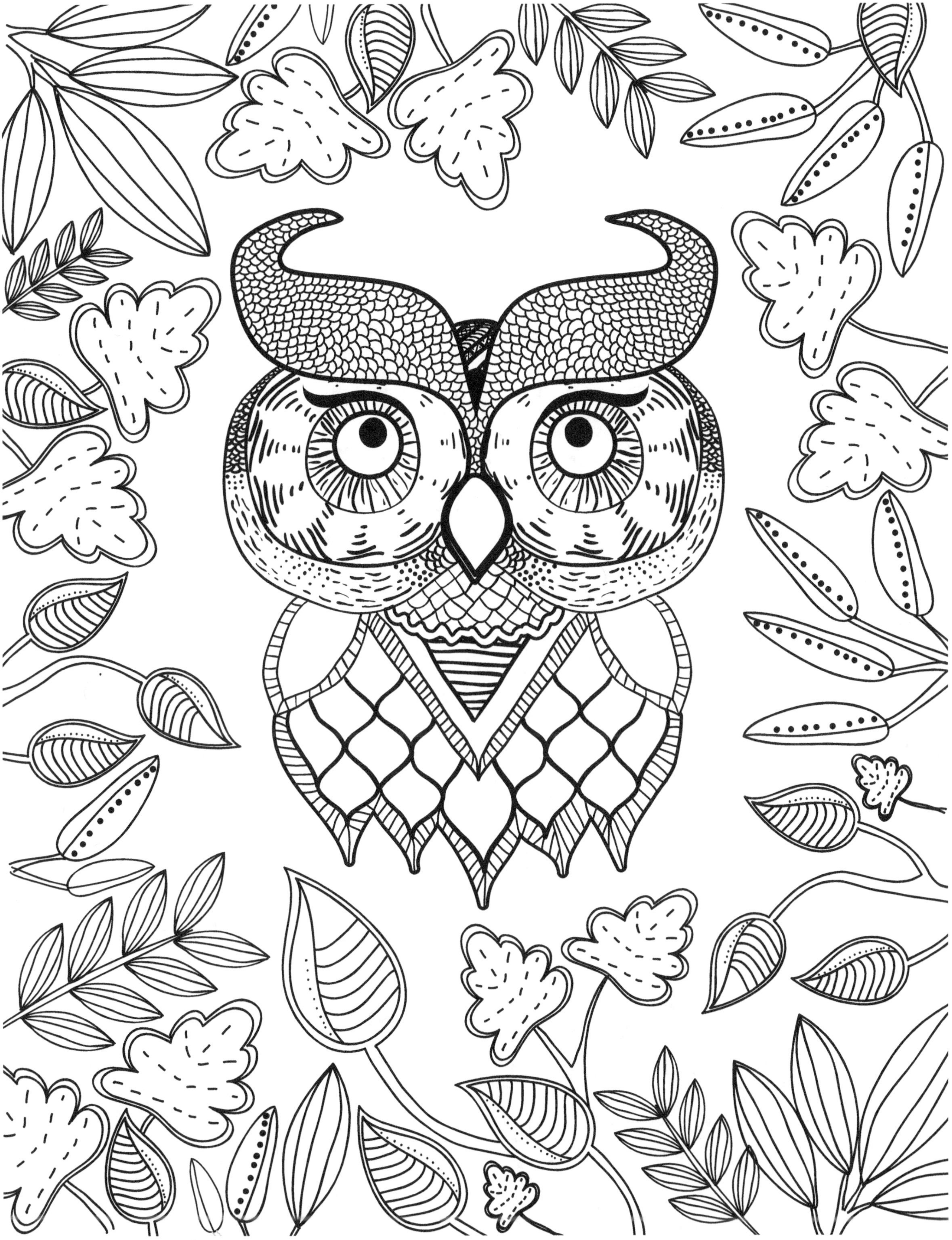

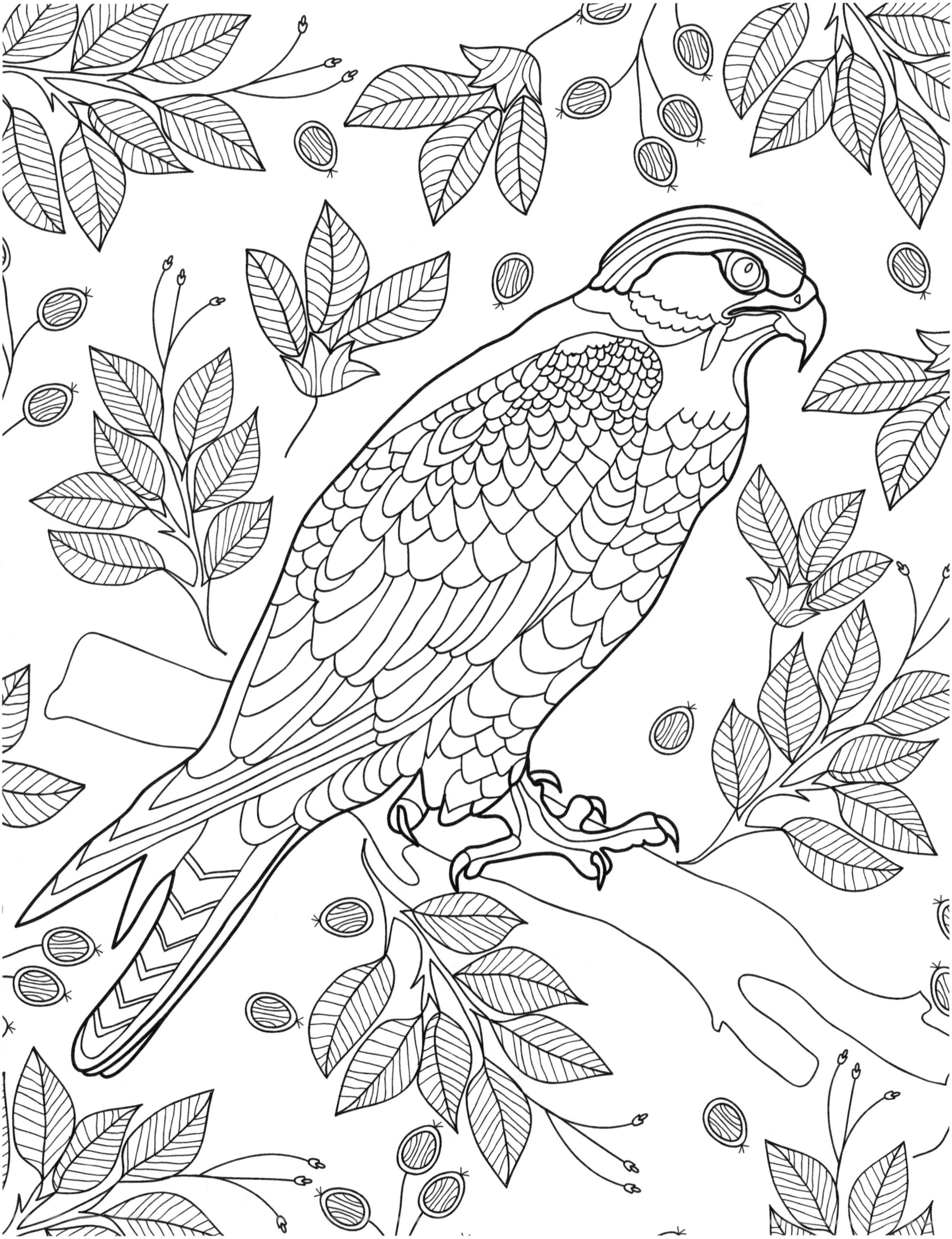

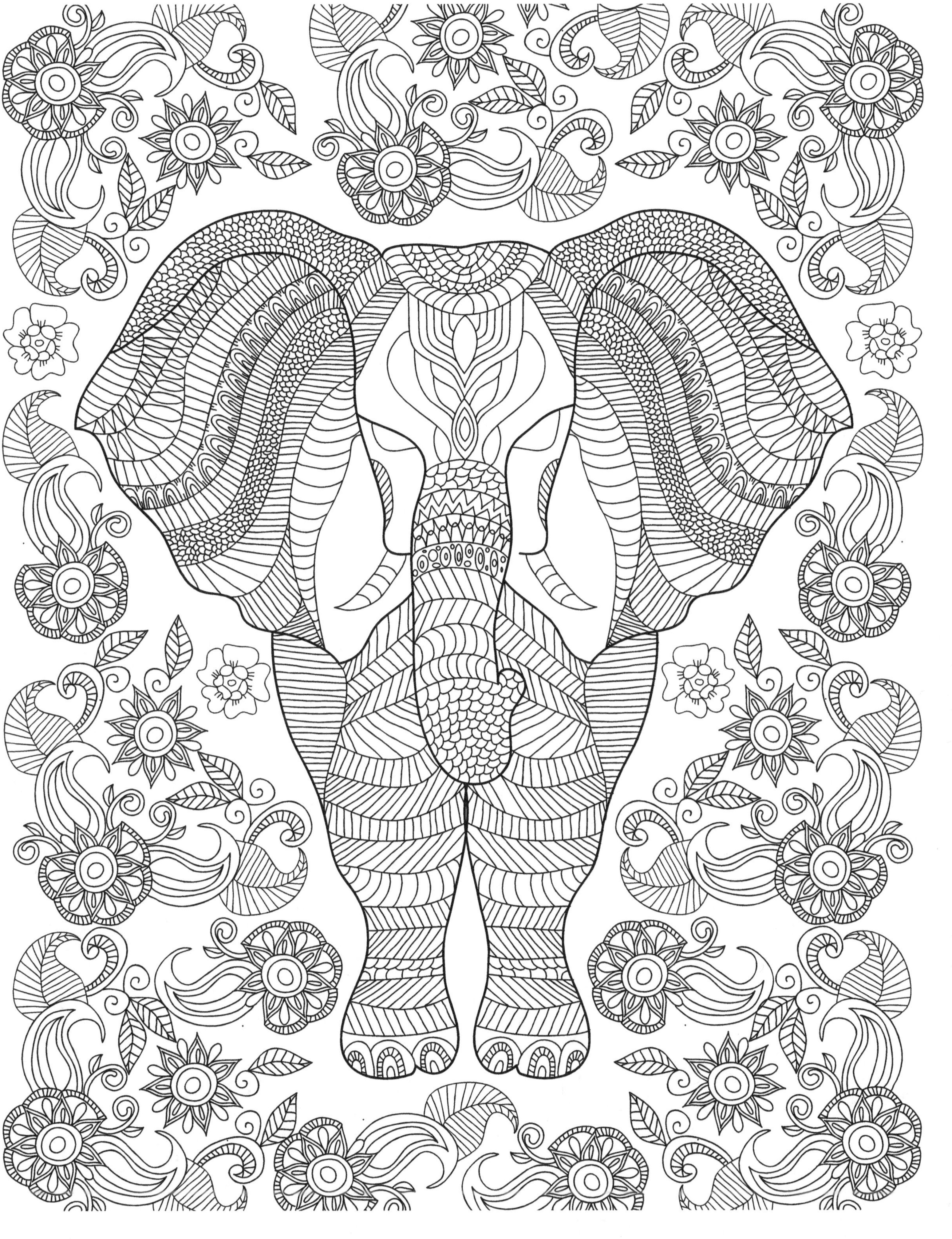

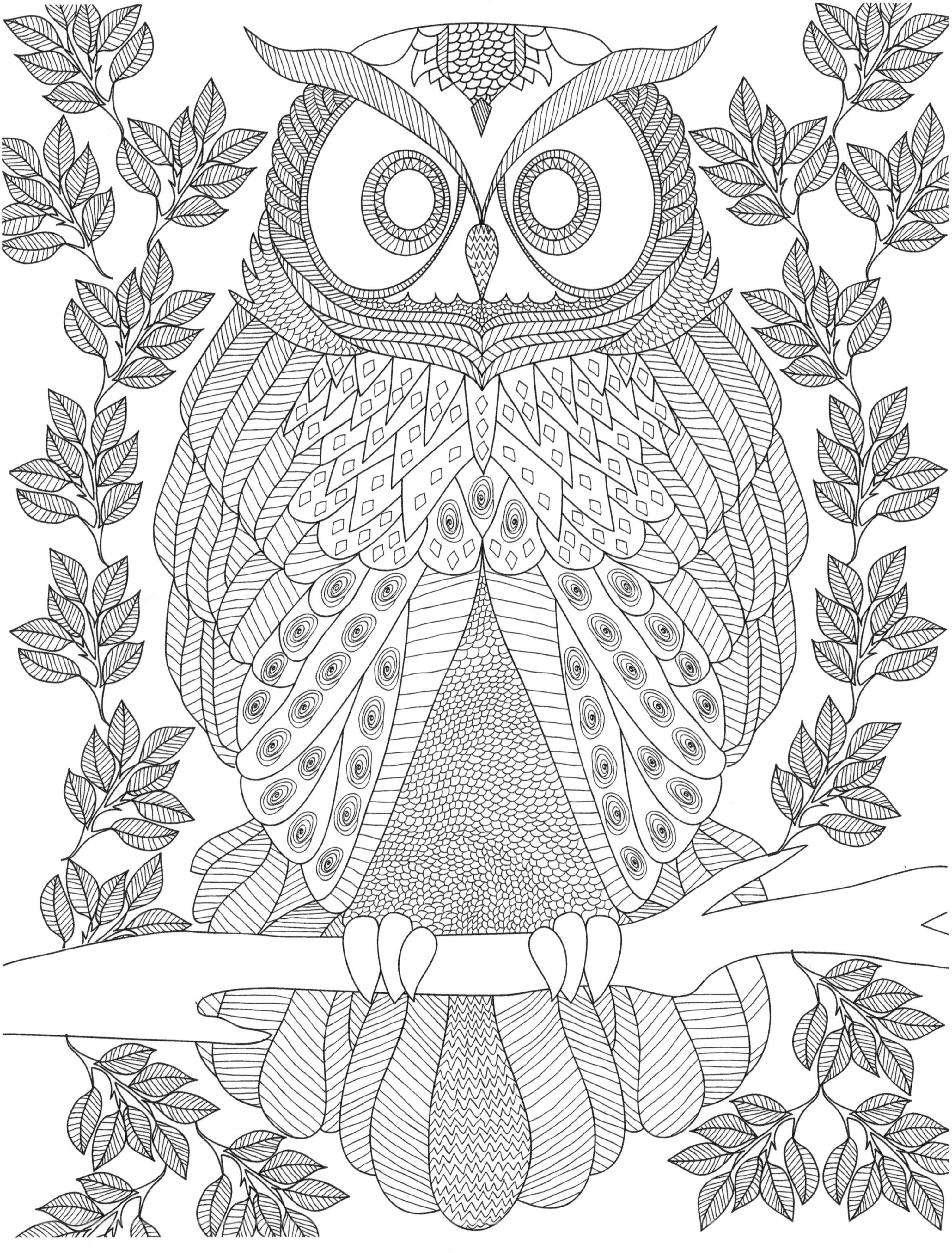

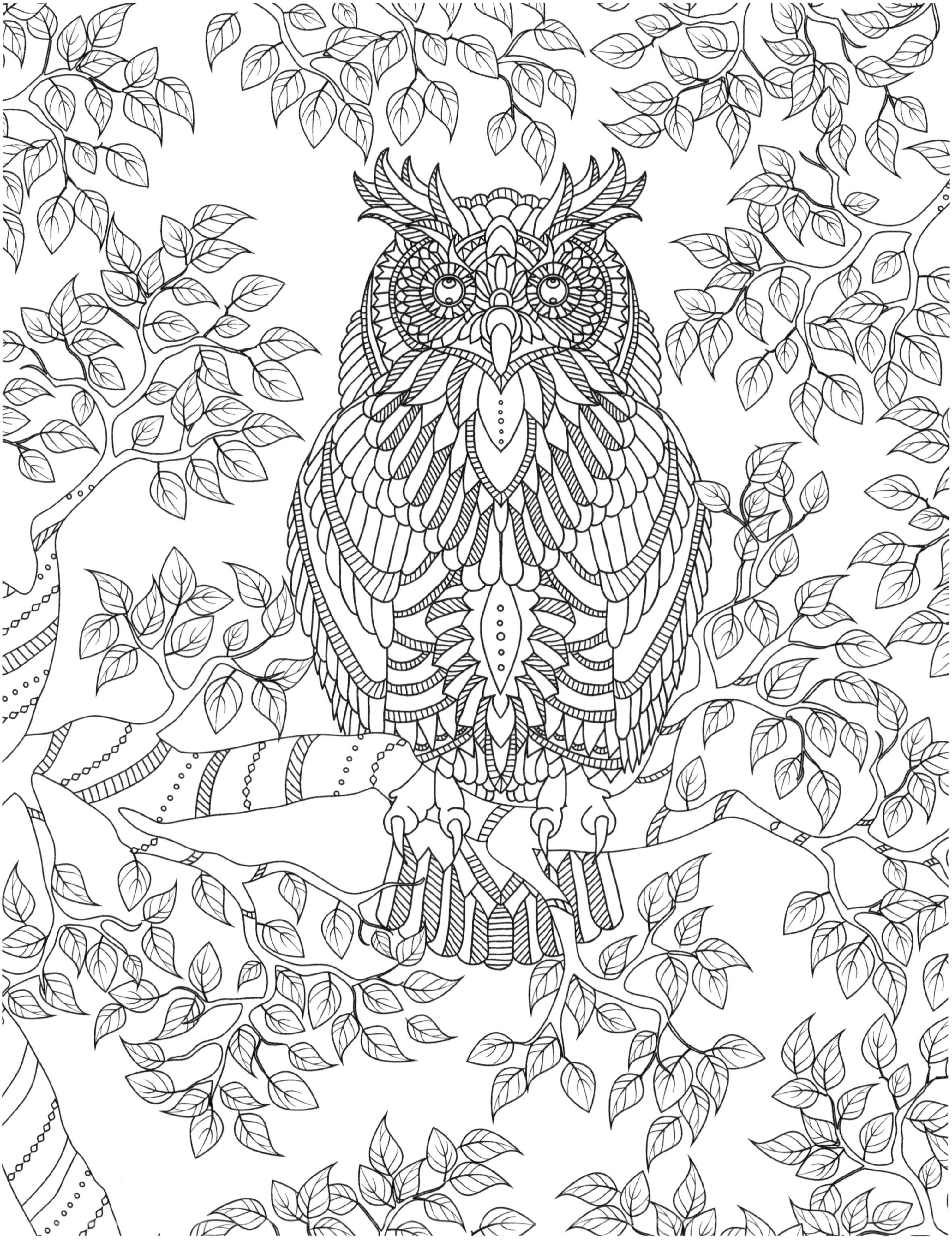

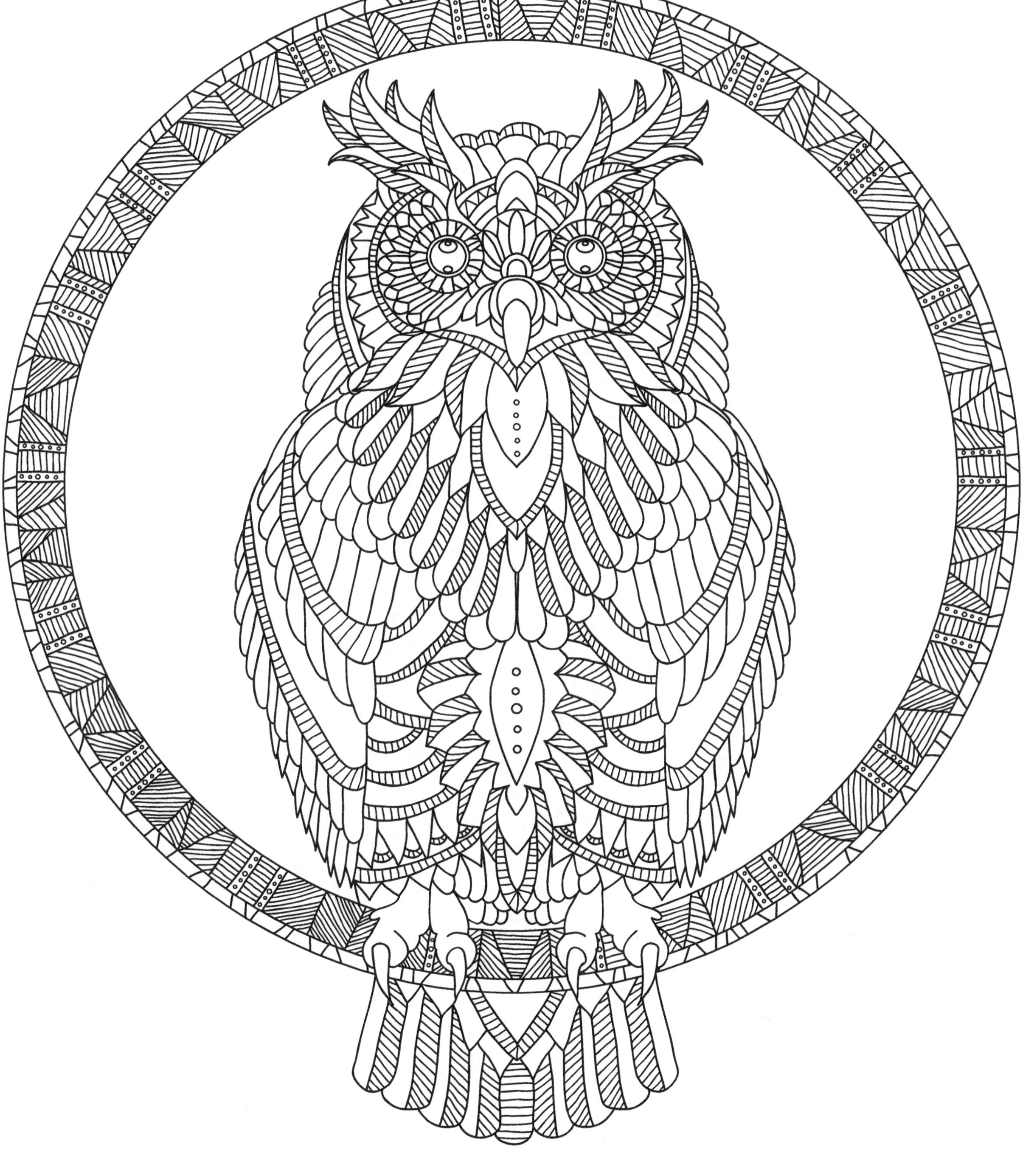

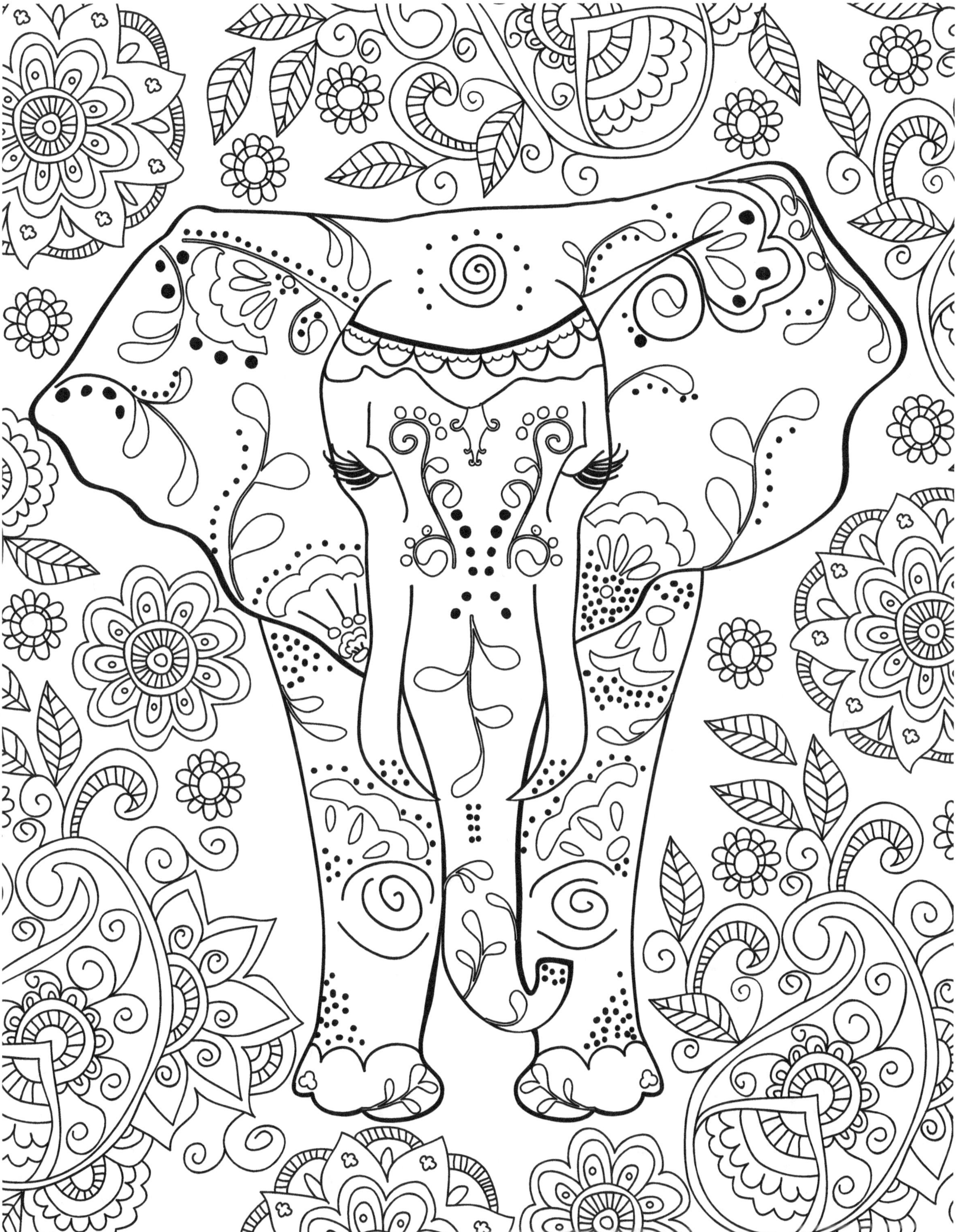

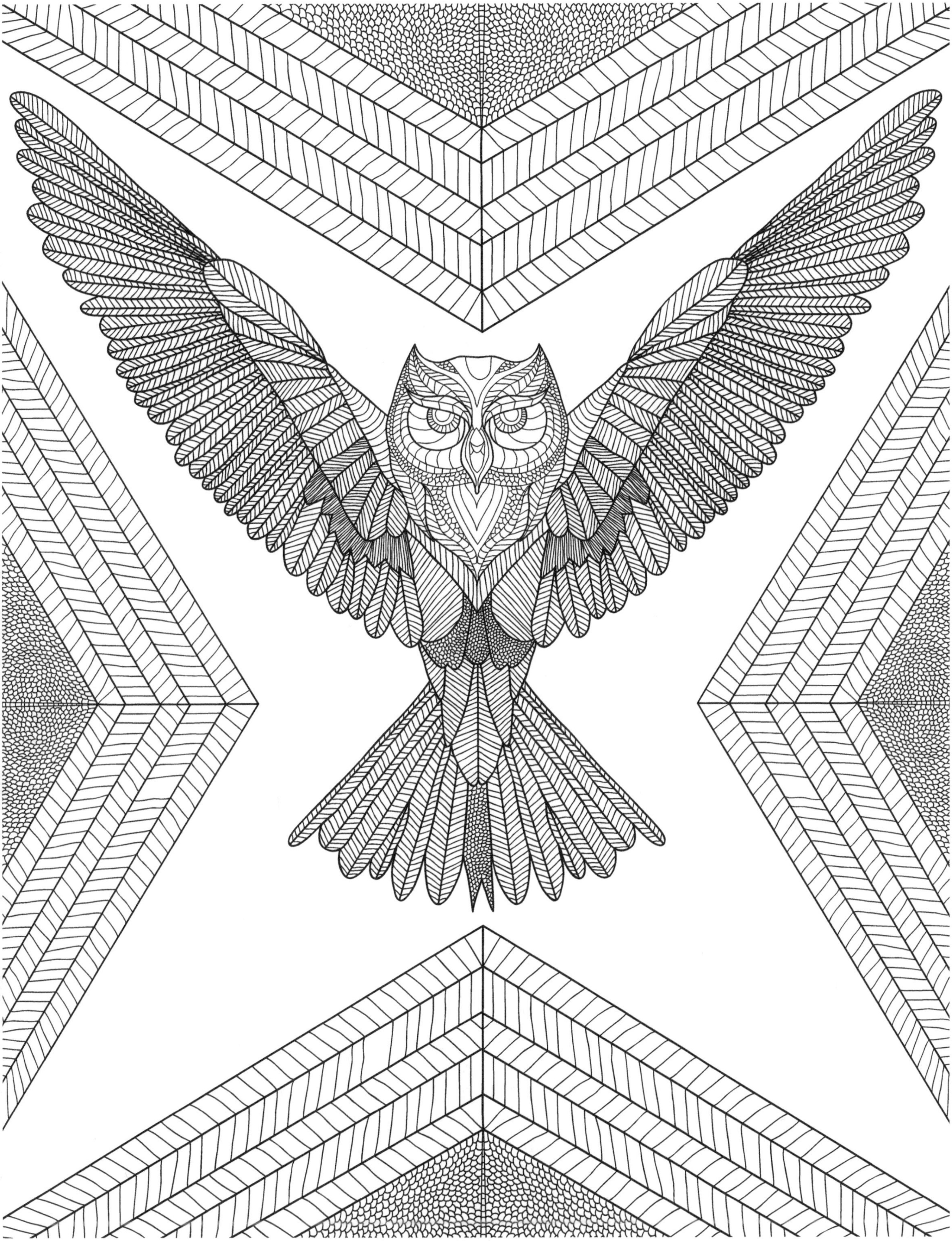

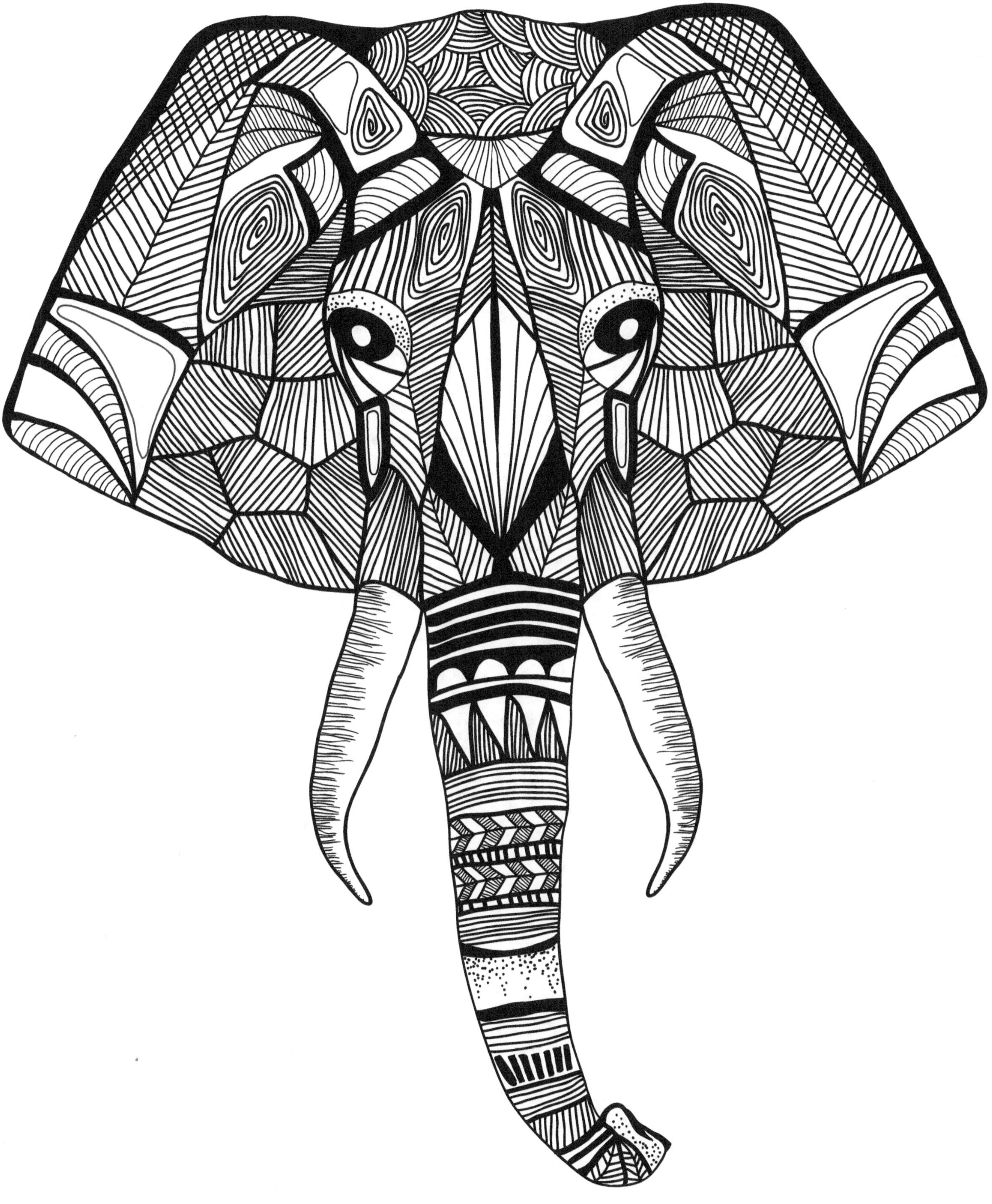

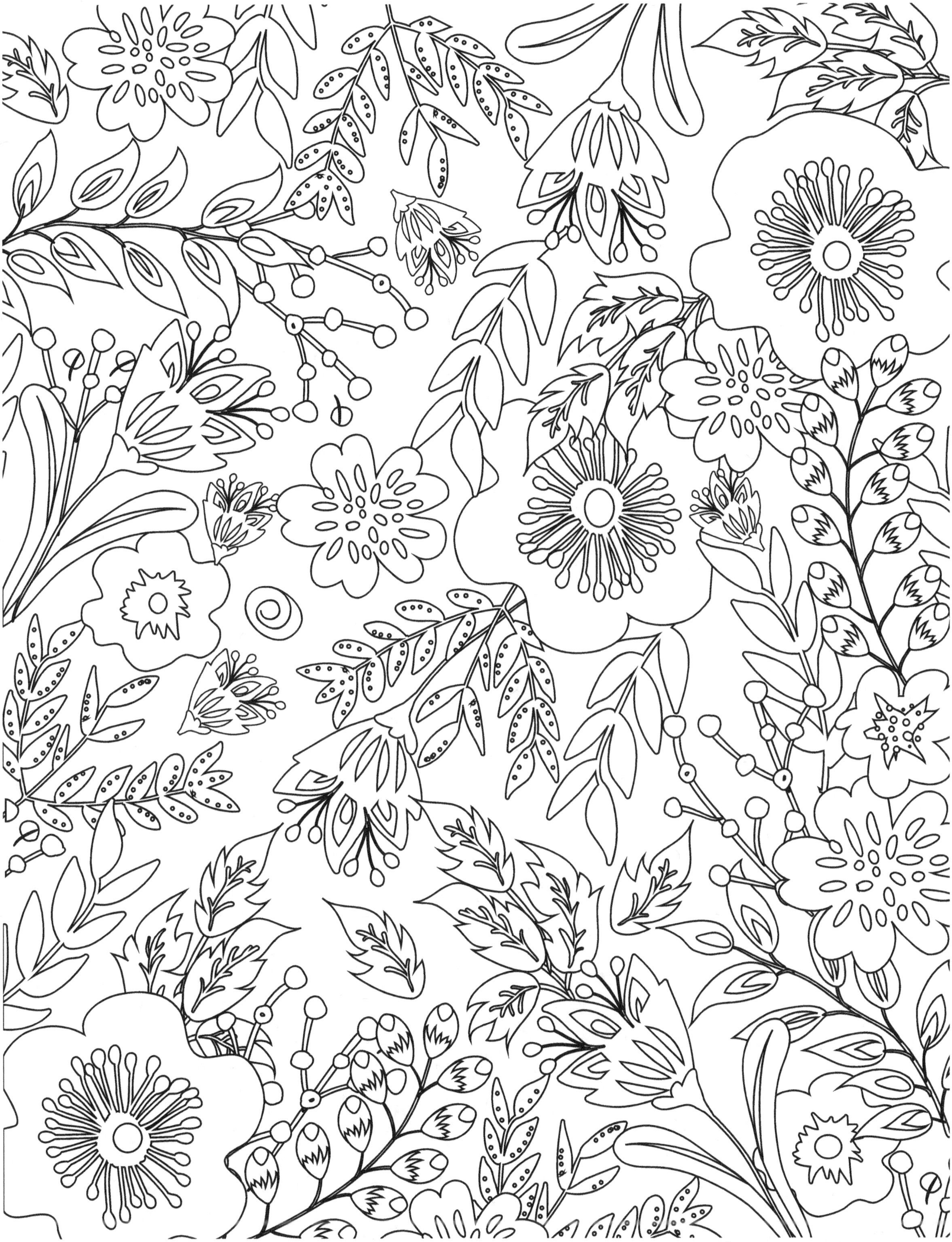

www.ingramcontent.com/pod-product-compliance
Lightning Source LLC
Chambersburg PA
CBHW081134290526
45795CB00006B/2228
* 9 7 8 1 5 1 4 7 4 8 8 5 5 *